AF831867

Institut für ausländisches und internationales Privatrecht

Beiträge
zum
ausländischen und internationalen Privatrecht

Herausgegeben in Gemeinschaft mit

E. Heymann, M. Pagenstecher, F. Schlegelberger, H. Titze, M. Wolff

von

E. Rabel
Direktor des Instituts für ausländisches und internationales Privatrecht

Heft 4

Berlin und Leipzig 1931

Walter de Gruyter & Co.

vormals G. J. Göschen'sche Verlagshandlung — J. Guttentag, Verlagsbuchhandlung
Georg Reimer — Karl J. Trübner — Veit & Comp.

Die Wirkungen der Wechselerklärungen im internationalen Privatrecht

Von

Dr. Ludwig Raiser

Assistent
am Institut für ausländisches und internationales Privatrecht

Berlin und Leipzig 1931

Walter de Gruyter & Co.

vormals G. J. Göschen'sche Verlagshandlung — J. Guttentag, Verlagsbuchhandlung
Georg Reimer — Karl J. Trübner — Veit & Comp.

Copyright 1931 by Walter de Gruyter & Co.,
Berlin und Leipzig.

Abkürzungen.

Nur mit dem Namen des Verfassers sind folgende Werke zitiert:

v. Bar, Theorie und Praxis des Internationalen Privatrechts, 2 Bde. 2. Aufl. 1889.

— Internationales Handelsrecht, in Ehrenbergs Handbuch des Handelsrechts, Bd. I, 1913.

Bettelheim, Das internationale Wechselrecht Österreichs, 1904.

Byles, A Treatise of the laws of bills of exchange, 14. Aufl. 1923.

Chalmers, A Digest of the laws of bills of exchange, 9. Aufl. 1927.

Daniel-Calvert, A Treatise on the law of negotiable instruments, 2 Bde. 6. Aufl. 1919.

Dicey-Keith, A Digest of the law of England with reference to the conflict of laws, 4. Aufl. 1927.

Diena, Trattato di diritto commerciale internazionale, 3 Bde. 1905.

Frankenstein, Internationales Privatrecht, Bd. I 1926, Bd. II 1929.

Grünhut, Wechselrecht, in Bindings Handbuch der Rechtswissenschaft, 2 Bde. 1897.

Lewald, Das deutsche Internationale Privatrecht auf Grundlage der Rechtsprechung, 1930.

Lorenzen, The conflict of laws relating to bills and notes, 1919.

Lyon-Caen et Renault, Traité de droit commercial, 5. Aufl. Bd. IV, 1925.

Magnus, Tabellen zum internationalen Recht, Heft IV: Wechselrecht, 2. Aufl. 1930.

Makarov, Die Quellen des internationalen Privatrechts (Leske-Löwenfeld, Die Rechtsverfolgung im internationalen Verkehr, Bd. VIII, 1) 1929.

Ottolenghi, La cambiale nel diritto internazionale, 1902.

Pillet, Traité pratique de droit international privé, 2 Bde. 1924.

Staub-Stranz, Wechselordnung (Kommentar), 12. Aufl. 1929.

Story, Commentaries on the conflict of laws, 8. Aufl. 1883.

Surville, Cours élémentaire de droit international privé, 7. Aufl. 1925.

Valéry, Manuel de droit international privé, 1914.

Wharton, A Treatise on the conflict of laws, 2 Bde. 3. Aufl. 1905.

Weiss, Traité théorique et pratique de droit international privé, 6 Bde., 2. Aufl. 1912.

Westlake-Bentwich, A Treatise on private international law, 7. Aufl. 1925.

* * *

Für Zeitschriften und Entscheidungssammlungen wurden die in Deutschland gebräuchlichen, bei ausländischen Veröffentlichungen die in der Zeitschrift für ausländisches und internationales Privatrecht (hier zitiert: Rabels Z.) eingeführten Abkürzungen verwendet.

Inhaltsübersicht.

Einleitung.

§ 1. Einleitung.

I.

Fragen des internationalen Wechselrechts können heute wieder ein erhöhtes Interesse für sich beanspruchen. Seitdem die Bestrebungen zur Vereinheitlichung des materiellen Rechts greifbare Gestalt gewannen, wurde das Kollisionsrecht oft etwas stiefmütterlich behandelt, und wer es darzustellen unternahm, glaubte seinen Lesern eine besondere Rechtfertigung schuldig zu sein. Inzwischen hat die Genfer Wechselrechtskonferenz vom Mai 1930 die Vereinheitlichung des materiellen Rechts um einen entscheidenden Schritt vorwärts oder wenigstens — nach den im Gefolge des Krieges aufgetretenen schweren Störungen — wieder ungefähr auf den Stand der Haager Konferenz von 1912 gebracht. Aber sie hat die Einigung erkauft um den Preis des Verzichts auf die Einbeziehung des angelsächsischen Rechtskreises. So hat sie zugleich für eine Verewigung der kollisionsrechtlichen Probleme gesorgt. Diesem Ergebnis hat sie dadurch Rechnung getragen, daß sie die Bestimmungen, die darauf Bezug haben, gegenüber den Haager Entwürfen inhaltlich stark erweitert und zugleich zum Gegenstand einer besonderen, von dem Einheitsentwurf der Wechselordnung unabhängigen Konvention, der „Convention destinée à régler certains conflits de lois en matière de lettres de change et de billets à ordre"[1] gemacht hat. Sie folgt darin den Vorschlägen des Juristenkomitees, das der Wirtschaftsausschuß des Völkerbunds mit der Vorbereitung der Konferenz beauftragt

[1] Völkerbundsdrucksache C 347 M 143 1930 II. Im folgenden kurz mit „Genfer Entwurf" bezeichnet. Die auf der Konferenz ausgearbeiteten Entwürfe, der Bericht des Redaktionskomitees und die Sitzungsprotokolle sind jetzt vom Völkerbund in den Comptes Rendus der Konferenz veröffentlicht worden (Völk.-Bds.-Drucks. C 360 M 151 1930 II).

hatte.[1] Das Komitee hatte sich dabei wohl in erster Linie von der Hoffnung leiten lassen, für den Beitritt zu dieser Konvention auch die Staaten des angelsächsischen Rechtskreises zu gewinnen, auf deren Beteiligung an der Vereinheitlichung des materiellen Rechts zu hoffen man bereits verzichtet hatte.[2] Aber schon die Antwort der englischen Regierung auf die vorbereitende Rundfrage des Völkerbunds[3] und vollends die Erklärungen, die der Vertreter Englands auf der Konferenz abgab,[4] ließen keinen Zweifel darüber, daß auch diese Hoffnung vergebens war. Die außerhalb des Völkerbunds stehenden Vereinigten Staaten von Amerika waren an der Konferenz überhaupt nicht beteiligt. Selbst wenn es also gelingen sollte, die nicht angelsächsischen Staaten unter der Fahne der Genfer Entwürfe zu vereinigen, bleiben große und für den Handelsverkehr besonders wichtige Länder von der gemeinsamen Regelung unberührt. Die Brücke zum Wechselrecht dieser Länder zu schlagen, ist künftig die Hauptaufgabe des kodifizierten kontinentalen Wechselkollisionsrechts,[5] zugleich auch die wichtigste Pflicht der internationalprivatrechtlichen Wissenschaft auf diesem Gebiet. Auch die vorliegende Arbeit versucht deshalb mit besonderer Sorgfalt den Rechtszustand Englands und Amerikas zu erforschen und daraus Anregungen für den wissenschaftlichen Weiterbau an dem Genfer Werk zu gewinnen.

II.

Die wichtigste Erweiterung hat der Genfer gegenüber dem Haager Entwurf auf dem Gebiet des internationalen Wechselrechts dadurch erfahren, daß auch die Wirkungen der Wechsel-

---

[1] S. die von diesem Ausschuß der Konferenz vorgelegten Documents préparatoires (Völk. Bds. Drucks. C 234 M 83 1929 II) S. 22 f. Zur Vorgeschichte der Konferenz im allg. vgl. Hupka, Rabels Z. 4, 205 ff.

[2] So der Rapport des Komitees (Doc. Prép. S. 7).

[3] Doc. prép. S. 86.

[4] Sitz.-Prot. d. 24. Sitzung (28. 5. 30) Comptes Rendus S. 345.

[5] Formell (s. Art. 1 u. 10 des Entwurfs) gilt die Konvention nur unter den Vertragsstaaten, verliert also in dem Maße an Bedeutung, in dem diese Staaten durch Annahme der Einheitlichen Wechselordnung die Verschiedenheiten des materiellen Rechts beseitigen (vgl. Quassowski, Rabels Z. 4, 788). Aber es ist kaum anzunehmen, daß gegenüber Nicht-Vertragsstaaten andere, davon abweichende Kollisionsnormen in Geltung bleiben werden; eine solche Spaltung wäre praktisch gar nicht durchführbar, da ja erst die Kollisionsnorm bestimmt, das Recht welches Staates über das Rechtsverhältnis zu entscheiden hat. Vgl. auch Hirsch, Blätter f. Int. Pr. 1930, 257 ff., 269 f., 272.

erklärungen in seine Regelung einbezogen worden sind. Zwar fehlte es auch dazu nicht an einigen Vorbildern in den nationalen Gesetzgebungen und den Staatsverträgen Südamerikas.[1] Schon der Entwurf einer einheitlichen Wechselordnung, den Norsa dem Institut de Droit International vorlegte, enthielt darüber eine Reihe ins Einzelne gehender Bestimmungen, die auf der Brüsseler Tagung des Instituts 1885 zum Beschluß erhoben wurden.[2] Auch die nach langen Diskussionen auf der Tagung des Instituts zu Florenz 1908 angenommenen Resolutionen zum internationalen Obligationenrecht behandelten das Kollisionsrecht der Wechselverpflichtungen in einer besonderen Bestimmung.[3] Schließlich schlug Felix Meyer in seinem Entwurf eines „Weltwechselrechts"[4] eine Regelung dafür vor. Aber die Haager Entwürfe beschränkten sich auf die Behandlung von Form und Wechselfähigkeit und überließen die übrigen Fragen, ebenso wie die meisten nationalen Gesetzgebungen, der Rechtsprechung. Die vereinzelten Änderungsvorschläge, die in dieser Hinsicht zum Vorentwurf von 1910 gemacht wurden,[5] blieben 1912 unberücksichtigt; der international-privatrechtliche Unterausschuß meinte dazu in seinem Bericht:[6] „Nous estimons que, dans cette matière difficile, il faut, pour le moment au moins, s'en tenir au minimum et ne pas charger le projet de règles peut-être prévoyantes, mais discutables en elles mêmes, qui l'exposeraient à des objections spéciales." Auch Jitta hielt es in dem eingehenden Gutachten, das er 1923 dem Völkerbund über den Stand der Vereinheitlichungsfrage erstattete,[7] für geraten, bezüglich dieser im Haag nicht geregelten Fragen zu verweisen „aux ouvrages spéciaux, propres à servir de guides à la jurisprudence". Erst der erwähnte Vorentwurf des Juristenkomitees enthielt in der Konvention Bestimmungen über Inhalt und Wirkung der Wechselverpflichtungen (art. 5), den

[1] Vgl. unten S. 16 f.

[2] Annuaire de l'Inst. (éd. abr.) II, 248. Text s. unten Anhang S. 115ff.

[3] Résolutions art. 2 i. a. a. O. Bd. V, 612 (Diskussion S. 588). Text s. unten Anhang S. 117.

[4] Weltwechselrecht Bd. II § 110 des Entwurfs.

[5] So d. Gegenentwurf Ungarns Art. 86, Rußlands Art. 93 und der Schweiz Art. 85 a—c; vgl. die von der Niederl. Regierung herausgegebenen Actes et Documents zur Konferenz v. 1912, Documents S. 134, 220 f., 240, Actes II S. 333.

[6] a. a. O. Actes I S. 163.

[7] Braunbuch (Völk. Bds. Drucks. C 437 M 203, 1923) S. 54. Zu diesem Gutachten vgl. Hupka, Rabels Z. 4, 216 f.

Übergang des Deckungsanspruchs (art. 6), die Teilzahlung und das beschränkte Akzept (art. 7). Der Genfer Entwurf nahm den Gedanken auf; dabei wurden die beiden erstgenannten Bestimmungen stark verändert (art. 4 u. 6 der Konvention) und eine Vorschrift über die Regreßfrist hinzugefügt (art. 5).[1]

III.

Ob der Optimismus, mit dem der Genfer Entwurf aus der zurückhaltenden Stellung der Haager Konferenzen herausgetreten ist, Recht behält, muß die Zukunft lehren. Die Tatsache, daß gesetzliche Bestimmungen und damit auch gesetzgeberische Erfahrungen auf diesem Gebiet bis heute in den meisten Ländern fehlen, läßt die sofortige Bindung an eine überstaatliche Norm recht gewagt erscheinen. Selbst wenn sich eine große Zahl von Staaten zu diesem Wagnis entschließt, ist das Spiel noch nicht gewonnen. Die Kodifikation hat nur dann Aussicht, durch praktische Anwendung im Rechtsleben Geltung zu erlangen, vor allem auch die erstrebte Annäherung der Rechtsprechung der beteiligten Staaten zu erreichen, wenn schon vorher Klarheit über die systematischen Grundfragen, annähernde Gleichförmigkeit der vom Gesetzgeber erfaßten und bewerteten Interessen in diesen Staaten und eine gewisse Stabilität in der Entwicklung der Rechtsprechung besteht. Ein nur in der Studierstube ersonnenes System, das sich nicht nach Möglichkeit den Ergebnissen dieser Entwicklung anpaßt, wird sich nicht durchsetzen.

Die Gleichförmigkeit der den Wechselverkehr beherrschenden Bedürfnisse der Wirtschaft ist schon zur Genüge erwiesen durch die seit Jahrzehnten andauernden Bemühungen um die Vereinheitlichung des materiellen Rechts. Auch die Lösungen, zu denen die Rechtsprechung des anglo-amerikanischen Rechtskreises gelangt ist, sind wenigstens in den hier interessierenden kollisionsrechtlichen Fragen den kontinentalen so verwandt, daß die dahinter stehenden wirtschaftlichen Kräfte nicht wesentlich verschieden sein können. Ein Vergleich des Tatbestands der Entscheidungen der verschiedenen Länder ergibt

---

[1] Text des Vorentwurfs und des Genfer Entwurfs unten Anhang S. 117 f. Die Beratungen der Konferenz befaßten sich mit der Convention in erster Lesung in der 24.—26. Sitzung (28.—30. 5. 30), in zweiter Lesung in der 31. Sitzung v. 4. 6. 30.

überdies, daß es immer wieder dieselben Fragen sind, die die Gerichte auf diesem Gebiet beschäftigen.

Dagegen ist es um die Einigkeit der Theorie über das, was zur Lösung der international-privatrechtlichen Konflikte zu geschehen hat, hier wie auf dem ganzen Gebiete des internationalen Obligationenrechts schlecht bestellt. Eine Verständigung über die gerade beim Wechsel sehr zahlreichen Anknüpfungsmöglichkeiten erscheint aussichtslos.

Zwar hat die Wissenschaft des internationalen Privatrechts dem Wechselrecht von jeher besondere Aufmerksamkeit geschenkt; es ist vielleicht das am häufigsten bearbeitete Sondergebiet des internationalen Obligationenrechts. Die Mehrzahl der Lehr- und Handbücher des internationalen Privatrechts, meist auch diejenigen des Wechselrechts, befassen sich eingehender damit; dazu treten mehrere monographische Darstellungen, so — außer einigen älteren französischen Werken — die Arbeiten von Ottolenghi, Diena (im 3. Band seines Trattato di diritto commerciale internazionale), Bettelheim und Lorenzen. Bei aller Sorgfalt in der Durchführung waltet aber über den meisten dieser Arbeiten kein günstiger Stern. Die Systematik scheint hier der Darstellung große Schwierigkeiten zu bereiten. Besonders unglücklich tritt dies in den deutschen Bearbeitungen durch v. Bar und Frankenstein zu Tage. Aber auch die übrigen Schriftsteller pflegen gleich an den Anfang ihrer Darstellung die Antwort auf die Frage zu setzen, welchem Recht die Wechselverpflichtungen unterstehen müssen, und hierauf, meist in Anlehnung an die Systematik des materiellen Wechselrechts, die zahllosen Einzelfragen abzuhandeln, zu denen Entstehung, Umlauf und Einlösung des Wechsels Anlaß geben. Auf diese Weise bleibt das Verhältnis des Kollisionsrechts zu den Grundprinzipien des Wechselrechts ungeklärt; die Lösungen, die für die in jedem Stadium des Wechselumlaufs auftauchenden Konflikte gegeben werden, stehen zusammenhanglos nebeneinander und erscheinen dadurch oft willkürlich.

Der Fehler dürfte in erster Linie in der Methode zu suchen sein.[1] Man versucht, die deduktiv gewonnenen Leitsätze des internationalen Obligationenrechts auf das Wechselrecht zu übertragen und von da aus die besonderen Probleme dieses Rechtsgebiets zu lösen. Der umgekehrte Weg erscheint aussichtsreicher. Es gilt zunächst, die besonderen Bedürfnisse des Wechselver-

[1] S. dazu Rabel, Rabels Z. 3, 752.

kehrs zu erforschen und die ihnen angemessenen Lösungen zu suchen. Es muß deutlich gemacht werden, wie sich die aus der Bestimmung des Wechsels zur Zirkulation erwachsene „Skripturmäßigkeit" der Wechselverpflichtung, die sie von den sonstigen Schuldverhältnissen unterscheidet, und die eigenartige Verknüpfung einer größeren Zahl einzelner Verpflichtungen durch das Papier kollisionsrechtlich auswirkt. Dabei kann schon für viele Einzelfragen die Entscheidung vorweggenommen werden, ehe der Inhalt der Kollisionsnorm für die einzelne Wechselverpflichtung bestimmt zu werden braucht. Stellt man die Antwort auf diese letzte Frage an den Schluß, so läßt sich auch bei der Entscheidung übersehen, welche Tragweite ihr im Bereich des Wechselrechts noch zukommt. Das Ziel wird sein müssen, das internationale Wechselrecht nach Möglichkeit aus der Kampfzone des internationalen Obligationenrechts hinauszunehmen und zu neutralisieren. Voraussetzung auch dafür ist ein gründliches Studium der Rechtsprechung.

IV.

Daraus ergibt sich der Aufbau der vorliegenden Arbeit. Die Schilderung des heute geltenden Rechts, insbesondere der Rechtsprechung ist vorangestellt. Sie ist nach Ländern geordnet, um die nationalen Verschiedenheiten, mit denen das Kollisionsrecht rechnen muß, und die Entstehung des heutigen Rechtssystem in den einzelnen Ländern klar hervortreten zu lassen. Dabei entspricht es bewährten Grundsätzen der Rechtsvergleichung, die Untersuchung nicht lexikographisch auf alle erreichbaren Rechte auszudehnen, sondern auf einige wenige Länder von wirtschaftlicher Bedeutung und eigener Rechtskultur zu beschränken. Daß dabei auf den angelsächsischen Rechtskreis besonderes Gewicht gelegt wurde, ist bereits gesagt. Auf dieser Grundlage baut sich die theoretische Erörterung auf, an die sich jeweils die Kritik des Genfer Entwurfs anschließt.

Wirkung der Wechselerklärung ist in erster Linie die daraus regelmäßig entstehende Verpflichtung des Erklärenden. Ob diese Verpflichtung durch Vertrag mit dem Erklärungsgegner oder durch einseitiges Rechtsgeschäft entsteht, ist eine rein konstruktive Frage, die auf die kollisionsrechtliche Betrachtung grundsätzlich keinen Einfluß haben darf.[1] Die Ver-

[1] Das übersieht Strauss, Jurist. Blätter 1928, 552

pflichtungswirkung steht so sehr im Vordergrund des Interesses, daß sie vielfach in der Gesetzgebung und ebenso in der Theorie allein behandelt wird. Sie ist auch in dieser Arbeit wegen ihrer besonderen Bedeutung, zumal für die Rechtsprechung, vorangestellt. Aber neben ihr stehen noch andere Wirkungen, die gleichfalls der Untersuchung bedürfen. Der Inhalt der Erklärung ist, wenigstens bei Aussteller und Indossanten, auch für die Übertragbarkeit des Papiers im ganzen wie für die Rechtsstellung des einzelnen Erwerbers des Papiers maßgebend. Diese den Umlauf des Wechsels regelnden Wirkungen der Wechselerklärungen sind in einem zweiten Abschnitt behandelt.

Unerörtert bleiben die Rechtsbeziehungen, die den Wechselgeschäften zugrunde liegen, und die Einwirkungen der Wechselerklärungen auf diese Beziehungen. Auch da, wo die Abstraktion der Wechselschuld von dem Grundverhältnis nicht in dem Maße durchgeführt ist, wie im deutschen Recht, ist es möglich und sogar geboten, für die Wechselschuld selbständige Anknüpfungspunkte im Kollisionsrecht zu suchen. Dagegen ist der Einfluß von Ausstellung und Umlauf des Wechsels auf das Grundverhältnis, namentlich also die Frage der „provision", im internationalen Wechselrecht zu erörtern, wenn man sich entschließt, diesen Begriff nicht ausschließlich an der Systematik der deutschen Wechselrechtstheorie zu orientieren. Aber die Behandlung dieser Frage erfordert eine breitere rechtsvergleichende Grundlage, als sie im Rahmen dieser Arbeit gegeben werden kann. Da das Problem überdies eben erst Gegenstand einer eingehenden Untersuchung von Hirsch[1] geworden ist, rechtfertigt sich die Beschränkung auch praktisch.

---

[1] Hirsch, Der Rechtsbegriff provision im französischen und internationalen Wechselrecht, 1930.

Erster Abschnitt.

Die Wechselverpflichtungen.

§ 2. Der heutige Rechtszustand.

I.

In die kollisionsrechtliche Behandlung von Wechselverpflichtungen hat die Gesetzgebung, wie schon erwähnt, nur selten und mehr zufällig eingegriffen. Abgesehen von sec. 72 des englischen Bills of Exchange Act (und der entsprechenden Bestimmungen der übrigen zum britischen Reich gehörigen Länder), die nur im Zusammenhang mit der Judikatur verstanden und erörtert werden können, finden sich spezifisch wechselrechtliche Vorschriften nur in Brasilien,[1] Costa Rica,[2] San Marino[3] und der neuen Wechselordnung Chinas.[4] Dazu treten ausführlichere Bestimmungen in den latein-amerikanischen Kodifikationen des Internationalen Privatrechts: in dem von Argentinien, Bolivien, Paraguay, Peru und Uruguay ratifizierten Vertrag von Montevideo vom 12. 2. 1889[5] und in dem von der VI. Panamerikanischen Konferenz in Havanna am 13. 2. 1928 angenommenen „Codigo Bustamante",[6] der bisher von Brasilien, Cuba, der Dominikanischen Republik, Nicaragua, Panama und Peru ratifiziert worden ist.[7]

---

[1] W. O. v. 1908 art. 47 vergl. Magnus S. 29, XX. Jetzt gilt der Codigo Bustamante.

[2] W. O. v. 1902 art. 160 vergl. Makarov S. 24, Magnus S. 53, XX.

[3] W. O. v. 1882 art. 8 vergl. Makarov S. 174.

[4] W. O. v. 30. 10. 1929 art. 23 Magnus S. 47, XX. Der Text war mir nicht zugänglich.

[5] Art. 27—32, Makarov S. 390 ff. Text s. unten Anhang S. 113 f.

[6] Art. 264—269, Makarov S. 397 ff. Text s. unten Anhang S. 114 f.

[7] S. Rabels Z. 3, 705.

Als Grundnorm gehen alle diese Gesetze von der Geltung der lex loci actus, dem Recht des Ortes aus, an dem die Wechselverpflichtung eingegangen worden ist. San Marino bleibt dabei stehen; Costa Rica setzt noch hinzu, daß hinsichtlich der Erfüllung (Fälligkeit, Zahlungsweise, Art und Fristen, die Nichtzahlung zu beweisen, etc.), das Recht des Zahlungsorts gelte. Dasselbe bestimmt Bolivien in Art. 378 des HGB von 1834[1] bezüglich des Zeitpunkts der Vorlegung zum Akzept oder zur Zahlung. Der Vertrag von Montevideo und der Codigo Bustamante unterscheiden ausdrücklich das Rechtsverhältnis zwischen Aussteller und Remittent oder Inhaber, zwischen Akzeptant und Inhaber, zwischen Indossant und Indossatar, unterwerfen aber alle, ebenso wie die Intervention, der jeweiligen lex loci actus. Für den Aval läßt der Vertrag von Montevideo das Recht der Hauptverpflichtung entscheiden, der Codigo Bustamante die eigene lex loci actus. Die Bestimmung im Vertrag von Montevideo, wonach für das (Grund-)Verhältnis zwischen Aussteller und Bezogenem die lex domicilii des Bezogenen entscheidet, ist im Codigo Bustamante gestrichen. Dagegen hat dieser für alle Wechselverpflichtungen den Vorbehalt aufgenommen, daß abweichende, ausdrückliche oder stillschweigende Parteivereinbarungen vorgehen. Dieses Prinzip der Parteiautonomie hat auch China vorangestellt; mangels erkennbarer Abreden läßt es die gemeinsame lex patriae der Kontrahenten und nur bei Verschiedenheit des Heimatrechts die lex loci actus entscheiden.

Ist schon bei diesen gesetzgeberischen Lösungen zweifelhaft, ob ihnen durchweg eine klare Erkenntnis von den besonderen Bedürfnissen des Wechselverkehrs zugrunde gelegen hat, so braucht jedenfalls hier nicht auf die allgemeinen Kollisionsnormen für Schuldverhältnisse, die sich in manchen Staaten finden und dann auch für das Wechselrecht Geltung beanspruchen, eingegangen zu werden. Einen Einblick in jene Bedürfnisse und zugleich ein farbigeres Bild des geltenden Rechts vermittelt erst die Betrachtung der Rechtsprechung einiger wichtigerer Staaten.

II.

1. Die deutsche Rechtsprechung hat besonders häufig Gelegenheit gehabt, sich mit dem Verpflichtungsstatut beim Wechsel zu beschäftigen. Die Lösung war nicht immer dieselbe.

[1] Makarov S. 13. Es ist mir zweifelhaft, ob die Bestimmung neben dem Vertrag von Montevideo noch gilt.

Das Reichsoberhandelsgericht[1] wandte auf die mehrfach von ihm zu beurteilende Haftung des Ausstellers überwiegend die lex loci actus an. Nicht ganz eindeutig sind die Entscheidungen vom 21. 2. 1871 und 9. 2. 1872,[2] die die Wirkung der französischen Wechselmoratorien von 1870/71 auf die Haftung des deutschen Ausstellers eines in Frankreich zahlbaren Wechsels behandeln. Sie sehen in den Moratorien nur eine Hinausschiebung der Fälligkeit, die von der rechtzeitigen Protesterhebung gegenüber den übrigen Wechselbeteiligten nicht entbindet,[3] und beurteilen die Präjudizierung der Ausstellerhaftung mangels rechtzeitigen Protests nach deutschem Recht: „Die Parteien sind Inländer und die Beklagte hat den Wechsel im Inland ausgestellt. Ihre Pflichten als Ausstellerin und Indossantin sind also nach deutschem Wechselrecht zu beurteilen, wenn auch die Akzeptantin in Paris wohnt.“ Deutlicher wird in den Entscheidungen vom 17. 10. 1873 und 4. 12. 1876[4] die Notwendigkeit des Protestes als Voraussetzung der Ausstellerhaftung wie diese selbst nach dem Rechte des Ortes beurteilt, „an welchem der Beklagte die den Regreß begründende Wechselerklärung ausgestellt hat“.

Vereinzelt halten sich auch spätere deutsche Entscheidungen noch an die lex loci actus. Im Urteil vom 28. 3. 1883 (RGZ 9, 430 ff., 438) stellt das Reichsgericht ausdrücklich fest, daß „in Ermangelung bestimmter Anhaltspunkte für das Gegenteil bis auf weiteres anzunehmen“ sei, daß der in Deutschland wohnende Beklagte den Wechsel von dort aus giriert habe; — „bei einem unter der Herrschaft der deutschen Wechselordnung vollzogenen Indossamente sind aber die Voraussetzungen des Regreßrechts auf Grund desselben nach deutschem Recht zu beurteilen“. — Die gleiche Wendung findet sich unter ähnlichen Umständen und unter Bezugnahme auf jene Entscheidung in einem Urteil des Oberlandesgerichts Nürnberg vom 29. 5. 1891 (Niem. Z. 1, 687).[5]

Mit besonderem Nachdruck verteidigt keine dieser Ent-

---

[1] Die ältere Rechtsprechung in den deutschen Einzelstaaten ist widerspruchsvoll und wenig sicher.

[2] ROHG 1, 288 = Clunet 1874, 185; 5, 101 = Arch. f. Wechselrecht NF. 4, 265.

[3] Ob diese Auffassung zutrifft, kann hier dahingestellt bleiben. Vergl. auch unten S. 64.

[4] ROHG 11,217; 21,150 = Clunet 1878, 617.

[5] Auch die — bei Bolze IV Nr. 16 sehr kurz berichtete — Reichsgerichtsentscheidung v. 4. 12. 1886 ist wohl hierher zu rechnen.

scheidungen die Anknüpfung an den Ausstellungsort. Da in den behandelten Fällen der Ort durchweg gleichzeitig Wohnsitz und Erfüllungsort des Verpflichteten war, bedurfte es dessen auch nicht. Das Reichsoberhandelsgericht unterwirft zwischendurch in der Entscheidung vom 1. 2. 1876[1] unter Berufung auf sein erstes Urteil (ROHG 1, 288) den Aussteller auch dem Recht seines Wohnsitzes als des Erfüllungsorts, ohne den Widerspruch zu einer sonstigen Rechtsprechung zu erörtern. Als wesentliche und bleibende Ergebnisse dieser Judikatur sind andere Rechtssätze anzusehen: die Selbständigkeit der einzelnen Wechselverbindlichkeiten auch hinsichtlich ihrer kollisionsrechtlichen Anknüpfung, insbesondere ihre Unabhängigkeit von dem am Zahlungsort des Bezogenen geltenden Recht,[2] und die Behandlung der Notwendigkeit von Protest oder Notifikation nach dem Recht jeder einzelnen Wechselverbindlichkeit als einer Voraussetzung der Haftung.[3]

Die ersten Urteile des Reichsgerichts zur Frage des Verpflichtungsstatuts im Wechselrecht betreffen fast alle die Verjährung einer Wechselforderung, die als materiell-rechtliches Institut behandelt und dem Recht der Forderung unterstellt wird. Das Zusammentreffen von Wohnsitz, Ausstellungs- und Erfüllungsort läßt auch hier nicht immer erkennen, wie die Kollisionsnorm für den Inhalt der Verbindlichkeit lautet.[4] Zumeist zeigt aber die Begründung, daß sich ein Wandel in der rechtlichen Beurteilung vollzogen hat. Es wird in deutlicher Anlehnung an Savignys Lehre[5] vom „Sitz“ der Obligation ge-

[1] ROHG 19, 203.

[2] So gleich mit aller Schärfe ROHG 1, 288. Das Reichsgericht hat diesen Satz nochmals eingehend begründet in der (den damals noch nicht gesetzlich geregelten Scheck betreffenden) Entscheidung v. 4. 10. 1899 RGZ 44,153; Niem. Z. 10, 128.

[3] Anders noch Oberapp.-Ger. Kiel 5. 2. 1848, Seuff. Arch. VI Nr. 129, wo das Recht am Wohnort des Bezogenen angewandt wird. Wohl nur ein Versehen ist es, wenn das Reichsgericht später einmal (21. 9. 1889; Bolze VIII Nr. 17—20) erklärt, „auch“ nach engl. Recht entscheide über die Notwendigkeit des Protestes das Recht des Ortes, wo er hätte erhoben werden müssen. Gerade hierin entscheidet die deutsche Rechtsprechung anders.

[4] Aus diesem Grunde unentschieden RG 17. 1. 1880, Seuff. Arch. 35 Nr. 87; 27. 3. 86, Bolze II Nr. 29b; 21. 9. 89, Bolze VIII Nr. 17—20; 5. 7. 95, Bolze XXI Nr. 6.

[5] System des heut. Röm. Rechts Bd. VIII S. 200 ff. Vgl. dazu auch Gutzwiller, Der Einfluß Savignys auf die Entwicklung des Internationalen Privatrechts 1923 S. 84 ff., 92 ff., und zur deutschen Rechtspre-

sprochen und danach der Erfüllungsort als Anknüpfungspunkt bestimmt. Dies gilt jedenfalls von der Haftung des Akzeptanten und des Ausstellers eines Eigenwechsels,[1] und zwar, wie RGZ 6, 24 zeigt, auch dann, wenn an einem vom Wohn- und Unterzeichnungsort verschiedenen Domizilort zu erfüllen ist. Das Recht des für jeden Wechselbeteiligten gesondert zu bestimmenden Erfüllungsorts wird aber weiterhin auch maßgebend für die Haftung von Aussteller und Indossanten.[2] Die Instanzgerichte schließen sich einhellig dieser Lehre an.[3]

Der Hinweis auf den Sitz der Obligation verschwindet bald aus den Entscheidungen. Die kollisionsrechtliche Bedeutung des Erfüllungsorts ist zum Gemeingut der deutschen Rechtsprechung auf dem ganzen Gebiete des Obligationenrechts geworden. Breiter ausgeführt wird der Gedanke nur in der Entscheidung des OLG Hamburg vom 28. 5. 1895,[4] die sich mit der Fälligkeit der Akzeptverbindlichkeit als Voraussetzung eines gültigen Protestes befaßt: „Die Akzeptantin hat die Zahlungsverpflichtung in Portugal, an dem Orte ihres Wohnsitzes, übernommen und versprochen, sie in Portugal zu erfüllen. Das sind aber Rechtstatsachen, auf die es entscheidend ankommen muß. Der Punkt im Raume, an dem sie sich ereignen, bestimmt über den Inhalt der ins Leben getretenen Verpflichtung. Er ist der Sitz der Wechselobligation. Der Akzeptant will nach Maßgabe des Wechsels zahlen. Der Wechsel steht aber unter den Gesetzen und Gebräuchen des Ortes, an dem er gezahlt werden soll.“

Schon früh hält aber auch in der wechselrechtlichen Judikatur die Idee der Parteiautonomie ihren Einzug, um allmäh-

---

chung auf dem Gebiete des internationalen Obligationenrechts allgemein, Lewald S. 196 ff., 224 ff.

[1] RG 8. 5. 80, RGZ 2,13; 17. 1. 82, RGZ 6,24; 23. 1. 82, RGZ 7,21; 20. 10. 87, Bolze V Nr. 15.

[2] RG. 30. 1. 89, RGZ. 23, 31, Bolze VII Nr. 17; 5. 11. 89, RGZ. 24, 112, Niem. Z. 1, 54, Bolze VIII Nr. 21; Clunet 1892, 247; 11. 12. 95, RGZ 36, 126, Niem. Z. 6, 166 u. 429, Bolze XXI Nr. 19; 25. 6. 24. J. W. 1925, 249, Niem. Z. 34, 459, Clunet 1925, 1055.

[3] LG Frankfurt a. Main 25. 1. 94, Niem. Z. 6, 167; OLG Hamburg 28. 5. 95, Niem. Z. 5, 570; OLG Dresden 7. 6. 98, Niem. Z. 10, 286; OLG Karlsruhe 9. 11. 15, Bad. Rechtspraxis 18, 134; OLG Hamburg 11. 4. 22, Hans. R. Z. 1922, 813, L. Z. 1922, 626; OLG Hamburg 17. 2. 25, Hans. R. Z. 1925, 479, ROLG 45, 78; Bank-Arch. 25, 12; IPRspr. 1926/27 Nr. 49; OLG Dresden 7. 5. 25 DRZ. 1925 Nr. 285.

[4] Niem. Z. 5, 570 = Clunet 1897, 386; bestätigt durch RG v. 11. 12. 1895 (RGZ 36, 126 = Niem. Z. 6, 166 u. 429 = Clunet 1897, 827).

lich in all den Fällen zum bequemen Aushilfsmittel zu werden, in denen das Auseinanderfallen von Wohnsitz, Erklärungs- und Erfüllungsort der Anknüpfung Schwierigkeiten bereiten könnte.

Anfangs sieht sich das Reichsgericht noch genötigt, die Parteiautonomie im Wechselrecht ausführlich zu rechtfertigen. In der Entscheidung vom 5. 11. 1889 (oben S. 20 Anm. 2) handelte es sich um die Voraussetzungen des Regreßanspruchs gegen einen deutschen Kapitän, der auf einer dänischen Insel zur Deckung von Schiffsreparaturkosten einen Wechsel auf seinen deutschen Reeder gezogen hatte. Das Berufungsgericht hatte sich nicht mit dem deutschen Wohnsitz und Erfüllungsort des Beklagten begnügt, sondern angenommen, zwischen Aussteller und Remittent sei stillschweigend deutsches Recht vereinbart worden. Das Reichsgericht hielt sich an diese tatsächliche Feststellung gebunden und bejahte nur nachdrücklich die rechtliche Zulässigkeit solcher Vereinbarungen. Insbesondere könne von einer zwingenden Geltung des Rechts des auf dem Wechsel vermerkten Ausstellungsortes keine Rede sein. Die Notwendigkeit solcher Datierung, die überdies nur für wenige Wechselerklärungen bestehe, erkläre sich schon hinlänglich durch das Bedürfnis, die von der lex loci actus abhängige Gültigkeit der Ausstellung zu beurteilen. Der aus der Anknüpfung an den Ausstellungsort entspringende Vorteil größerer Rechtssicherheit wiege die Nachteile nicht auf, die die Zufälligkeit dieses Anknüpfungsmomentes mit sich bringe. Dagegen entspreche die Anknüpfung an den Erfüllungsort dem — aus verstreuten Bestimmungen erkennbaren — Sinn der Wechselordnung und dem Willen der Kontrahenten und könne nicht daran scheitern, daß in Fällen wie dem vorliegenden der Erfüllungsort des Ausstellers sich nicht aus der Wechsel-Skriptur ergebe. Die oben S. 20 berichtete Entscheidung des OLG Hamburg vom 28. 5. 1895 erkennt dem Parteiwillen wenigstens insoweit Bedeutung zu, als festgestellt wird, daß dieser jedenfalls nicht auf Unterwerfung unter deutsches Recht gerichtet gewesen sei. Noch in der scheckrechtlichen Entscheidung vom 4. 10. 1899 (RGZ 44, 153) warnt das Reichsgericht nachdrücklich vor einer allzu freigebigen Anwendung dieses Aushilfsmittels. Aber die Entwicklung läßt sich nicht aufhalten. In einem Urteil des OLG Hamburg vom 1. 7. 1912[1] wird die Anwendung englischen Rechts

[1] ROLG 25, 218.

auf die Ausstellerhaftung aus einer in England zwischen Engländern ausgestellten und begebenen promissory note auf den Parteiwillen gestützt, offenbar weil der Aussteller inzwischen nach Deutschland verzogen und dem Gericht daher zweifelhaft war, welcher Erfüllungsort gelten sollte. Auch in der Entscheidung des Reichsgerichts vom 25. 6. 1924 (oben S. 20 Anm. 2) trägt der Parteiwille das Ergebnis und bleibt dahingestellt, an welches objektive Tatbestandsstück sonst anzuknüpfen wäre. Daß dabei nirgends ausdrückliche Vereinbarungen vorlagen, bedarf im Wechselrecht kaum der Erwähnung.

Schließlich aber muß die Parteiautonomie auch eine Entscheidung rechtfertigen, die im Ergebnis dem Reichsgerichtsurteil vom 5. 11. 1889 (oben S. 20 Anm. 2) stracks zuwiderläuft. Das Kammergericht[1] folgert die Regreßhaftung eines in Österreich wohnenden Indossanten nach deutschem Recht, also ohne Rücksicht auf österreichische Kriegsmoratorien, aus dem Umstand, daß sein Indossament ohne Angabe des wahren Wohnsitzes von Thorn datiert ist (das damals noch zu Deutschland gehörte): „Ausländische Wechselverpflichtete, die einen in Deutschland ausgestellten und zahlbaren Wechsel in Deutschland zeichnen, unterwerfen sich dadurch nicht nur dem deutschen Gerichtszwange, sondern auch deutschem Recht. Ein abweichender Wille mußte in einer für jeden Nehmer des Wechsels erkennbaren Weise zum Ausdruck kommen."

2. Ein ähnliches Bild bietet die Rechtsprechung in der Schweiz. In zwei Entscheidungen vom 27. 12. 1890 und 30. 6. 1899[2] behandelt das Bundesgericht die Haftung des Ausstellers eines Eigenwechsels nach dem Recht seines Wohn- und Erfüllungsortes. Daß das Papier im zweiten Fall in Frankreich ausgestellt, aber von Genf datiert war, blieb auf die Entscheidung ohne Einfluß. In einer Entscheidung vom 30. 4. 1909[3] war das Akzept, aus dem geklagt wurde, am Wohnort des Bezogenen abgegeben worden; das Bundesgericht rechtfertigt die Anwendung des Rechts dieses Ortes aber ausdrücklich damit, daß die Wechselschuld als eine Holschuld dort zu erfüllen sei. Das Obergericht Zürich beurteilt[4] die Verjährung der Akzepthaftung aus einem in Schanghai auf eine Schweizer Bank gezogenen, in

[1] 22. 5. 1916, ROLG. 35, 2.
[2] BGE 16, 818; 25, 502.
[3] Bl. Zü. R. VIII Nr. 127.
[4] 30. 5. 1920, Bl. Zü. R. XIX Nr. 201.

London domizilierten Wechsel nach englischem Recht, der Appellationshof des Kantons Bern[1] die Akzeptschuld eines Schweizers, die dieser gelegentlich einer Geschäftsreise in Belgrad für einen dort ausgestellten Wechsel übernommen hatte, nach dem Recht seines Schweizer Wohn- und Erfüllungsorts. Dabei spielt wieder der Gedanke der am Präsentationsorte zu erfüllenden Holschuld eine Rolle, sowie der Umstand, daß dieser Ort als die Adresse des Bezogenen aus dem Wechsel selbst hervorging. Von Parteiautonomie ist nur in diesem letzten Fall die Rede: aus dem zufälligen Akzeptort sei nicht auf einen abweichenden Parteiwillen zu schließen.

3. Für das österreichische Recht ergibt sich eine abweichende Lösung aus den Kollisionsnormen des ABGB, das in §§ 35—37, mit Ausnahmen und Vorbehalten im einzelnen, für Schuldverhältnisse grundsätzlich an die lex loci actus anknüpft.[2] Daran wird auch für wechselrechtliche Verbindlichkeiten festgehalten.[3] Aber die Rechtsprechung des Obersten Gerichtshofs trägt wenig zur Klärung bei. Die Entscheidung vom 25. 2. 1875[4] beurteilt bei einem zu Prag auf den dort ansässigen Beklagten gezogenen, in London domizilierten Wechsel die Rechtzeitigkeit des Protestes und die Wirkung seiner Verspätung auf die Haftung des Akzeptanten nach österreichischem Recht, „weil der in Prag wohnhafte Beklagte auf Grund des in Prag ausgestellten Wechsels bei dem Prager Handelsgerichte belangt wurde." Die Entscheidung vom 17. 1. 1894[5] wendet auf die Verjährung des Anspruchs gegen den österreichischen Akzeptanten eines in Warschau ausgestellten, akzeptierten und zahlbaren Wechsels polnisches Recht an als das Recht des „Ausstellungsortes, an dem das Wechselgeschäft abgeschlossen wurde", doch bleibt zweifelhaft, ob damit die Ausstellung des Wechsels oder die Abgabe des Akzepts gemeint ist. Deutlicher hatte in dem am

---

[1] 22. 2. 29; Z. Bern. Jur. V. 65, 237; Clunet 1930, 529; Bl. Int. Pr. R. 1929, 348. Streitig war die Zuständigkeit des Gerichtes, die von der Anwendung in- oder ausländischen Rechtes abhing.

[2] Vgl. Walker, Internat. Privatrecht, 4. Aufl. 1926. S. 361 ff.

[3] Bettelheim S. 150 ff. 158; Adler, Das österreichische Wechselrecht 1904 S. 172, Lenhoff b. Magnus S. 206, XX 2 e.

[4] Z. 12967 Czelechowsky Nr. 77.

[5] Z. 211 Zentr. Bl. 1894 Nr. 147. Die Entscheidung v. 30. 1. 78 Z. 15210, Jur. Bl. 1878 Nr. 25, Czelechowsky Nr. 186 befaßt sich nur mit der Sonderfrage, nach welchem Kalendersystem die Verfallzeit zu berechnen ist.

21. 11. 94 entschiedenen Fall[1] wenigstens das Berufungsgericht Krakau für die Verjährung der Akzeptschuld an den vom Ausstellungs- und Domizilort abweichenden Ort der Akzepterteilung angeknüpft, aber der Oberste Gerichtshof hob dieses Urteil mangels ausreichender tatsächlicher Feststellungen auf. Auch die Entscheidung vom 20. 9. 23,[2] die die Notwendigkeit der Notifikation als Voraussetzung der Regreßhaftung eines Indossanten behandelt, führt nicht weiter, da die Kollisionsnorm infolge Gleichheit der beteiligten materiellen Rechte unerörtert bleibt. Nur die erste Instanz hatte sich für das Recht des Wohnsitzes des Blanko-Indossanten entschieden.

Im ganzen ist das Material zu dürftig, um eine feste Linie der Praxis erkennen zu lassen.

4. Bei der Vorliebe, mit der in den romanischen Rechten Theorie und Praxis auf dem Gebiete des internationalen Obligationenrechts die lex loci actus anwenden,[3] ist eine grundsätzliche Abkehr davon für Wechselverpflichtungen von vornherein nicht zu erwarten. Aber die Gerichte haben, wenigstens in Frankreich und Italien, erstaunlicherweise auch kaum Gelegenheit gehabt, sich mit den besonderen wechselrechtlichen Fragen auseinanderzusetzen. In Frankreich[4] besteht eine sehr reiche Judikatur über die kollisionsrechtliche Wirkung des erst 1922 aufgehobenen Verbots des Blankoindossaments. Sie gehört nicht in diesen Zusammenhang.[5] Daneben ist mehrfach über die Verjährung ausländischer Wechselforderungen entschieden worden, jedoch ohne einheitliches Ergebnis;[6] der Streit zwischen der lex fori,[7] der lex loci actus[8] und der lex loci solutionis[9] ist bis heute noch nicht ausgetragen. Die verbleibenden Fälle sind eher Zufallstreffer: das Tribunal Tunis[10]

---

[1] Z. 12892. Czelechowsky Nr. 706.

[2] Zentr. Bl. 1923 Nr. 230, Rechtsprechung 1923, 348.

[3] Statt aller Weiss IV S. 364.

[4] Vergl. Lyon-Caen Bd. IV Nr. 642 ff.

[5] Vergl. unten S. 92 f.

[6] S. dazu Weiss IV S. 396 ff.

[7] Trib. civ. Seine 11. 12. 93, Clunet 1894, 145; App. Paris 15. 11. 06, Revue 1907, 756. Ebenso App. Bruxelles 4. 2. 93, Clunet 1893, 942.

[8] App. Alger 18. 8. 48, DP 49. 2. 130. Trib. civ. Marseille 31. 10. 06, Clunet 1907, 416.

[9] App. Paris 10. 12. 10, Clunet 1912, 536, auch App. Bordeaux 26. 12. 76, S. 77. 2. 108 und der belgische Kassationshof 14. 7. 98, Clunet 1900, 656. Doch fielen in allen Fällen Ausstellungs- und Erfüllungsort zusammen.

[10] 12. 4. 88, Clunet 1891, 534.

beurteilt bei einem in Italien ausgestellten Eigenwechsel Zahlungsort, Folgen der Nichtzahlung, insbesondere Höhe der Verzugszinsen nach italienischem Recht als der lex loci actus, und das Tribunal de commerce de la Seine[1] bei einem in Frankreich ausgestellten und zahlbaren Wechsel die Zulässigkeit einer Hinausschiebung der Fälligkeit im Akzept nach französischem Recht als dem Recht des Ausstellungsortes, ohne das für den italienischen Akzeptanten im übrigen maßgebende Recht zu erörtern.

In Italien ist die Geltung der lex loci actus (oder des gemeinsamen Heimatrechts der Parteien) für Schuldverhältnisse durch art. 9 disp. prel. zum cod. civ. gesetzlich festgelegt, und zwar im Bereich des art. 58 cod. comm., der ursprünglich als wechselrechtliche Kollisionsnorm gedacht, dann aber im Gesetz auf alle Handelsgeschäfte ausgedehnt worden war, sogar mit zwingender Wirkung für die Parteien.[2]

In der Rechtsprechung spielt die Hauptrolle die bis heute auch vom Kassationshof nicht einheitlich entschiedene Frage, ob im Ausland ausgestellte Wechsel gleich den Inlandswechseln (art. 323 cod. comm.) in Italien ohne vorherigen Prozeß als Vollstreckungstitel gelten können.[3] Da sie nur im Hinblick auf diese ganz singuläre Bestimmung des italienischen Wechselrechts Bedeutung hat und überdies vorwiegend prozeßrechtlicher Natur ist, kann sie hier auf sich beruhen. Wichtig sind dagegen in unserm Zusammenhang zwei Entscheidungen der Kassationshöfe Turin und Florenz,[4] von denen die erste die Haftung des Indossanten, die zweite diejenige des Akzeptanten der lex loci actus unterwirft, und zwar hier ohne Rücksicht darauf, daß die Zahlung an einem andern als dem Akzeptort zu erfolgen hatte. Weniger klar sind zwei neuere Entscheidungen. Der Mailänder Appellhof[5] beurteilt die Regreßfrist gegenüber einem italienischen Indossanten eines im Aus-

---

[1] 29. 10. 1902. Gaz. Pal. 1902 II 633.

[2] So die herrschende Lehre. Vergl. hiezu und zu dem ganzen hier nicht näher interessierenden Streit über das Verhältnis der beiden Bestimmungen zueinander Bolaffio, Cod. Comm. Commentato Bd. II Nr. 279, 282; Diena Bd. I Nr. 9, 59; II S. 67. Im Handelsgesetzentwurf v. 1925 ist art. 58 ersatzlos verschwunden.

[3] Vergl. die neuesten Entscheidungen Rabels Z. 4, 596, dort auch Literatur.

[4] Cass. Torino 7. 3. 83, Clunet 1885, 457; Cass. Firenze 2. 6. 90, Mon. Trib. 1890, 648, Clunet 1893, 954. Unklar App. Messina 15. 3. 91, Foro It. 1891 I 574.

[5] App. Milano 22. 10. 15, Riv. Dir. Comm. 1916 II 320.

land ausgestellten und zahlbaren Eigenwechsels nach italienischem Recht, weil es sich handelt um eine „obbligazione assunta ed eseguibile in Italia“. Der Kassationshof Palermo[1] behandelt bei einem in Italien ausgestellten, im Ausland zahlbaren Wechsel die Notwendigkeit des Protestes nach italienischem Recht, weil aus ihm in Italien gegen den Aussteller vollstreckt werden soll. Neuestens hat der Appellhof Mailand[2] für die Avalschuld unter Berufung auf art. 58 cod. comm. grundsätzlich den Ort der Abgabe der Avalerklärung ohne Rücksicht auf das Statut der Hauptverpflichtung für maßgebend erklärt, im übrigen aber mit Rücksicht auf die Verkehrssicherheit des Wechsels eine — nur aus der Wechselurkunde selbst zu widerlegende — Vermutung dafür aufgestellt, daß die Avalerklärung am Ort der Ausstellung des Wechsels abgegeben worden sei.

III.

Nach der Struktur des englisch-amerikanischen Rechts kommt der Rechtsprechung dort nicht nur, wie — wenigstens vorwiegend — in den bisher betrachteten Rechten, die Rolle einer Erkenntnisquelle für den geltenden Rechtszustand zu; sie ist in erster Linie selbst Rechtsquelle. Die Kodifikation des Wechselrechts, die heute im Britischen Reich nach dem Muster des englischen Bills of Exchange Act. v. 1882, in den Vereinigten Staaten durch einzelstaatliche Gesetze auf der Grundlage des Uniform Negotiable Instruments Act. v. 1896 nahezu einheitlich durchgeführt ist, hat daran grundsätzlich nichts geändert; sie ist der Idee nach nur eine Zusammenfassung der bisherigen, ein Wegweiser für die künftige Judikatur. Dies rechtfertigt es, auch für das englische Recht, das im BEA — im Gegensatz zum Un. Neg. Instr. Act — Kollisionsnormen für die Wirkung von Wechselerklärungen enthält, die Darstellung der (meist älteren) Rechtsprechung der Wiedergabe des Gesetzeswortlauts voranzustellen.

1. Die Entwicklung der englischen und der amerikanischen Rechtsprechung im Verlauf des 19. Jahrhunderts macht heute ihre gesonderte Betrachtung unerläßlich. Aber die gemeinsame Grundlage ist auf diesem Gebiet besonders deutlich, ihre Kennt-

---

[1] Cass. Palermo 15. 12. 21, Riv. Dir. Comm. 1923 II 289, Clunet 1922, 1048.

[2] App. Milano 25. 11. 29, Mon. Trib. 1930, 184.

nis ist notwendige Voraussetzung für das Verständnis des heutigen Zustands. Die Geschichte des Wechselkollisionsrechts beginnt mit dem Namen Lord Mansfield und Story.

In Robinson v. Bland[1] hat Lord Mansfield 1760 die ersten Rechtssätze im Bereich des common law nicht nur zum Kollisionsrecht der Wechselverpflichtungen, sondern zum internationalen Obligationenrecht überhaupt aufgestellt.[2] Es handelte sich um ein in Frankreich von einem Engländer für Spielschulden gezeichneten Eigenwechsel, aus dem der Aussteller nach seiner Rückkehr nach England verklagt wurde. Die Klage war schon deshalb abzuweisen, weil nach beiden Rechten Wechsel aus Spielschulden nicht klagbar waren. Doch wird auch die Anwendung englischen Rechts begründet: Verträge, „where the subject matter relates locally to England", aus denen insbesondere in England geklagt werden muß, unterstehen hinsichtlich ihrer Erfüllung englischem Recht. Dazu tritt die Berufung auf den Parteiwillen: „The parties had a view to the laws of England. The law of the place can never be the rule, where the transaction is entered into with an express view to the law of another country, as the rule by which it is to be governed."

Die Rechtssätze, die Lord Mansfield damit in das englische Recht einführt, sind ebenso wie in vielen seiner grundlegenden handelsrechtlichen Entscheidungen kontinentalen Ursprungs. Er verrät selbst durch das Zitat von Huber und Paul Voet das Studium der holländischen Juristenschule des 17. Jahrhunderts, die ihrerseits wieder in der Beachtung der Parteiautonomie auf die Franzosen, letzten Endes auf Molinaeus zurückgeht.

Die nächste Reihe von Entscheidungen zum internationalen Wechselrecht findet sich 50 Jahre später nicht in England, sondern auf amerikanischem Boden. Hier entstand auch zu Beginn des 19. Jahrh. die erste große zusammenhängende Bearbeitung des internationalen Privatrechts in den Commentaries on the

---

[1] (2 Burr. 1077) 97 ER 717; das Votum Mansfields ist auch bei Lorenzen S. 118 Anm. 227 abgedruckt. Vergl. zu dieser Entscheidung namentlich Beale 23 Harv. L R 4 ff.

[2] Noch älter ist Burrows v. Jamineau (1726; 2 Stra. 733) 25 E R 228, doch ging dort der Streit mehr um die Anerkennung einer ausländischen Entscheidung, der zufolge der Akzeptant eines Wechsels frei geworden war, als um die Frage, ob das Recht des Zahlungsortes, das diese Befreiung mangels Deckung bestimmte, für die Akzeptschuld maßgebend sei.

conflict of laws von Story,[1] die für die weitere Rechtsentwicklung in beiden Rechtsgebieten entscheidende Bedeutung erlangt hat.

Storys Darstellung des Vertragsrechts (§§ 231 ff.) beruht gleichfalls auf einem eingehenden Studium der kontinentalen Doktrin, und zwar wiederum vornehmlich der holländischen Schule. Gestützt auf Robinson v. Bland und die wenigen, bis dahin ergangenen amerikanischen Entscheidungen stellt er sodann als common law rule die Geltung der lex loci actus auf und zwar auch (§ 263) im Hinblick auf nature, obligation und interpretation des Vertrags. Aber er macht eine Einschränkung: Die Regel beruht auf der Voraussetzung, daß der Vertrag an diesem Ort auch zu erfüllen ist. Ist als Erfüllungsort ausdrücklich oder stillschweigend ein anderer Platz vereinbart, so beherrscht „in conformity to the presumed intention of the parties" das Recht dieses Ortes validity, nature, obligation und interpretation des Vertrags. „This would seem to be a result of natural justice", außerdem entspricht es zwei, ihm aus der Beschäftigung mit der kontinentalen Jurisprudenz bekannt gewordenen Digestenstellen,[2] insbesondere dem seitdem zur Parömie gewordenen Ausspruch des Julianus: „Contraxisse unusquisque in eo loco intelligitur, in quo ut solveret se obligavit." Story verkennt nicht die Schwierigkeiten, die sich aus dem Nebeneinander der beiden Kollisionsnormen ergeben (§ 282), hält aber eine Lösung für möglich, wenn die zweite Norm nur dann herangezogen wird, wenn ein bestimmter vom Abschlußort abweichender Erfüllungsort vereinbart ist.

Für das Kollisionsrecht der negotiable instruments, das in den §§ 314 ff. eingehender behandelt wird, folgert Story aus diesen Grundsätzen, daß jedenfalls Aussteller und Indossanten nach der lex loci actus, also dem Recht des Ortes der Ausstellung oder Indossierung, haften, während für den Akzeptanten und den Aussteller einer promissory note das Recht des Zahlungsortes gilt. Die Gemeingültigkeit des Satzes „Contraxisse ....." ist damit nicht verletzt, da ja Wechselaussteller und Indossant nicht am Ort des Bezogenen zu zahlen versprechen, sondern

[1] Erschienen 1834, hier zitiert nach der unveränderten 2. Ausgabe Edinburgh 1835. Die Einteilung der Paragraphen hat sich bis in die letzte, von Bigelow besorgte Auflage (8. Aufl. Boston 1883) erhalten. Vergl. zu Storys Quellen Lorenzen S. 111 ff.

[2] Dig. 44, 7, 21 (Julianus) und Dig. 42, 5, 3 (Gaius).

„at the place, where they respectivily entered into the contract" (§ 315).

Die Rechtsprechung hat, wie sich zeigen wird, vor und nach Story gelegentlich anders entschieden und seine Sätze nach verschiedenen Richtungen hin ausgebaut. Aber sie bilden noch heute den Kern des in den wechselkollisionsrechtlichen Entscheidungen niedergelegten common law Englands und Amerikas.

2. Die Ausbildung dieser Rechtssätze beginnt in England mit der Entscheidung Rothschild v. Currie,[1] die die Haftung des englischen Indossanten eines in London gezogenen und dort zu Protest gegangenen Wechsels behandelt. Fraglich war die Rechtzeitigkeit der Notifikation. Das Gericht sieht in ihr, wie die deutsche Rechtsprechung, eine Voraussetzung der Regreßhaftung, a parcel of the contract des Schuldners, und will sie wie diese Haftung grundsätzlich nach dem Recht des Erklärungsorts des Schuldners behandeln. Im vorliegenden Fall sei aber der ausländische Zahlungsort zu berücksichtigen; nach der Parömie: „Contraxisse..." sei für das Verhältnis zwischen Aussteller und Remittent französisches Recht maßgebend, und dasselbe müsse im Hinblick auf den Rechtssatz „every indorser is a new drawer" für die Rechtsverhältnisse zwischen Indossanten und Indossataren gelten. Die Rechtzeitigkeit der Notifikation war also nach französischem Recht geprüft und bejaht, aber gleichzeitig im praktischen Ergebnis sämtliche Wechselverpflichtungen dem Recht des Zahlungsorts unterstellt worden.

Schon 7 Jahre später entscheidet der Privy Council in Allen v. Kemble[2] anders. Geklagt war gegen Aussteller und ersten Indossanten aus zwei Wechseln, die in einer englischen, dem holländischen Rechtskreis angehörigen Kolonie auf einen schottischen Platz mit dem Zahlungsort in London gezogen worden waren. Streitig war, ob Gegenforderungen des Akzeptanten seine Haftung durch ipso-iure-Kompensation zum Erlöschen brachten. Daß dieser nach jener Parömie nach dem Recht des Zahlungsorts hafte, steht dem Gericht außer Zweifel. Aber sie wird nicht mehr auf Aussteller und Indossanten ausgedehnt: diese haften zwar dafür, daß der Bezogene erfülle, aber nicht auf Leistung an dessen Erfüllungsort, sondern jeder da, „where he made his contract with his interest, damages and

[1] (1841, 1 QB 43) 113 ER 1045.
[2] (1848, 6 Mo 314) 13 ER 704.

costs". Damit war Storys These von der Unabhängigkeit der Wechselverpflichtungen wiederhergestellt, die seitdem eingeschränkt, aber nicht mehr umgestoßen worden ist.

Die erste Einschränkung betrifft den Fall der Rechtzeitigkeit der Notifikation, der schon in Rothschild v. Currie behandelt worden war. In Hirschfeld v. Smith[1] wagt es der Richter Erle noch nicht, Rothschild v. Currie für unrichtig zu erklären. Er stützt aber das gleiche Ergebnis auch noch auf einen zweiten Grund für den Fall, daß man die Haftung des Indossanten lieber nach englischem Recht als der lex loci actus beurteilen wolle. Voraussetzung der Haftung sei die notice of dishonour innerhalb eines reasonable time. Innerhalb Englands stehe die Länge dieser Frist fest. Aber bei foreign bills könne sich die reasonableness nur nach dem Recht des Zahlungsorts richten, dessen Kenntnis und Berechnung dem Präsentanten allein zuzumuten sei und auf das sich auch die übrigen Wechselbeteiligten einrichten könnten. — Dieser neue Gedanke wird — nunmehr unter ausdrücklicher Ablehnung der Begründung in Rothschild v. Currie — von Lord Cotton in Horne v. Rouquette[2] wiederholt, wo wiederum die Rechtzeitigkeit einer — nach spanischem Recht überflüssigen — Notifikation zweifelhaft ist. Jedoch werden ihm enge Grenzen gesteckt: Der Kläger, der den Wechsel nach Spanien weiter indossiert habe, müsse sich die Beachtung spanischen Rechts gefallen lassen; stehe danach seine Haftung fest und habe er seinerseits nach Kenntnis der Präjudizierung innerhalb englischer Fristen dem Beklagten notice of dishonour gegeben, so könne er gegen den Beklagten Regreß nehmen. Ob aber auch der Beklagte dem spanischen Inhaber ohne Notifikation englischen Stils unmittelbar haften würde, wird ausdrücklich offen gelassen.

Die zweite Einschränkung der Unabhängigkeit der Wechselverpflichtungen zu Gunsten der einheitlichen Geltung des Rechts des Zahlungsorts macht der Richter Cockburn in Rouquette v. Overmann.[3] Streitig war bei einem in England auf Paris gezogenen Wechsel, welchen Einfluß die französischen Wechselmoratorien von 1870/71 auf die Regreßpflicht des Ausstellers hatten. Der Richter schiebt die Entscheidung Allen v. Kemble, deren wechselrechtliche Ausführungen für die Lö-

[1] (1866) LR 1 CP 340, 14 LTR 886.
[2] (1878) 3 QBD 514; 39 LTR 219.
[3] (1875) LR 10 QB 525; 33 LTR 420.

sung der Aufrechnungsfrage nicht wesentlich gewesen seien, auf die Seite und geht wieder so weit zu behaupten, die Verpflichtungen von Aussteller und Indossanten müßten sich als bloße sureties nach dem Rechte der Akzeptverpflichtung richten, das nach „well settled law" die lex loci solutionis sei. In Wahrheit beschränkt er aber diese Abhängigkeit doch auf die incidents of presentment and payment, also praktisch gesprochen auf die Fälligkeit und die Respekt- und Notifikationsfristen. Dabei bleibt es auch in der die deutschen Moratorien des Weltkriegs betreffenden Entscheidung Re Francke and Rasch,[1] die sich damit begnügt, große Teile der Begründung aus Rouquette v. Overmann wörtlich zu übernehmen.

Das Bild vom Stande der englischen Rechtsprechung wird nur unwesentlich ergänzt durch zwei Entscheidungen, die den Zinsfuß einer Wechselschuld betreffen.[2] In Cooper v. Waldegrave[3] werden die Verzugszinsen der Akzeptforderung aus einem in London domizilierten Wechsel nach englischem Recht bemessen, jedoch mit der Begründung, daß dort am Erfüllungsort auch die zum Ersatz verpflichtende Handlung, nämlich der Verzug, eingetreten sei. Auch in Gibbs v. Fremont[4] wird die Zinspflicht des Ausstellers festgestellt, ohne daß zwischen lex loci actus und solutionis, die für den Aussteller offenbar identisch waren, entschieden würde. Der Nachdruck scheint in der Entscheidung auf der Feststellung zu liegen, daß es nicht auf das Recht des Zahlungsortes des Bezogenen ankomme. Also eine weitere Bestätigung der Unabhängigkeitslehre! — Schließlich ist darauf hinzuweisen, daß die in Deutschland mehrfach behandelten Fälle der Verjährung für England aus diesem Zusammenhang ausscheiden, da die Verjährung dort als prozeßrechtliches Institut vor dem englischen Richter stets nach englischem Recht behandelt wird.[5]

3. Seltsamerweise entspricht die Regelung im BEA[6] nicht

---

[1] (1918) 1 Ch 470; 118 LTR 211; Clunet 1920, 706.

[2] Die Entscheidung Moulis v. Owen (1907) 1 KB 746; 96 LTR 596 behandelt einen scheckrechtlichen Fall, dessen Tatbestand mit dem von Robinson v. Bland übereinstimmt. Die Lösung der i.-pr.-rechtlichen Fragen wurde offen gelassen.

[3] (1840, 2 Beav. 282) 48 ER 1189.

[4] (1853, 9 Ex 25). Die Entscheidung war mir nicht zugänglich; ihren Inhalt entnehme ich aus Chalmers S. 284.

[5] Vergl. für das Wechselrecht Huber v. Steiner (1835, 2 Bing NC 202) 132 ER 80. Don v. Lippmann (1837, 5 Cl. & F.) 7 ER 303.

[6] Text siehe unten Anhang S. 112 f.

ganz diesem Stande der Rechtsprechung. Sec. 72 Abs. 2[1] erklärt nicht nur für Aussteller und Indossanten, sondern auch für den Akzeptanten die lex loci actus für maßgebend.[2] Dicey[3] meint, man habe Story mißverstanden, erklärt es aber für zweifelhaft, ob sich der Fehler im Wege der Auslegung beseitigen lasse, während Chalmers,[4] auf den der Act zurückgeht, entweder trotz sec. 72 die Maxime „contraxisse....“ anwenden oder aber mit einer schuldrechtlichen Rückverweisung helfen will, und Westlake[5] für die Verpflichtung des Akzeptanten und des Ausstellers einer promissory note schlechthin die lex solutionis für maßgebend hält, ohne den Widerspruch zum Act zu erwähnen. Da seit Inkrafttreten des Act keine Entscheidung mehr zu dieser Frage ergangen ist, bleibt ihre Lösung zweifelhaft, wiewohl bei dem eingangs erwähnten Verhältnis zwischen Rechtsprechung und Gesetzgebung die bisherige Praxis die Oberhand behalten dürfte. Bemerkenswert ist, daß die Fassung der sec. 72 BEA auch sonst im Britischen Reich überall Eingang gefunden hat[6] mit Ausnahme Indiens, dessen Neg. Instr. Act ein Jahr älter ist als der BEA; dort richtet sich gemäß sec. 134 die Haftung des Ausstellers (auch von promissory notes) nach dem Recht des Ausstellungsorts, dagegen diejenige des Akzeptanten und Indossanten nach dem Recht des Ortes, auf den der Wechsel zahlbar gestellt ist. Auch diese Lösung bleibt vom Standpunkt Storys und der englischen Judikatur aus unbefriedigend.[7]

Dagegen folgt der BEA der englischen Rechtsprechung bezüglich der Einschränkungen der Unabhängigkeit der Wechselverpflichtung zugunsten des Rechts des Zahlungsorts der

---

[1] Satz 2 dieses Abs. bezieht sich nicht auf die Verpflichtungswirkung eines Indossaments (vergl. unten S. 95).

[2] Daß das Wort „interpretation“ in diesem Zusammenhang nicht nur (wie bei Story) „Auslegung“, sondern auch „Umfang und Inhalt der Verpflichtung“ bedeutet, wird allgemein für selbstverständlich gehalten; vergl. Chalmers S. 282; Byles S. 308; Dicey S. 662.

[3] Dicey S. 663. Auch Byles S. 309 steht der Anwendung der lex loci solutionis nach dem Act skeptisch gegenüber.

[4] Chalmers S. 282 f.

[5] Westlake § 229.

[6] Vergl. im einzelnen die Angaben bei Makarov S. 61 ff.; Magnus Nr. 24 a—g S. 130 ff.

[7] Vergl. dazu Bashyam u. Adiga, The Neg. Instr. Act (4. Aufl. Bombay 1927) S. 482 ff. und über Qualität u. Zustandekommen des Gesetzes S. V f.

Hauptverpflichtung. Nach sec. 72 Abs. 5 regelt das Recht dieses Ortes die Fälligkeit des Wechsels. Nach sec. 72 Abs. 3 richtet sich die Präsentation, ferner Notwendigkeit und sufficiency von Protest und Notifikation nach dem Recht des Orts „where the act is done or the bill is dishonoured". Sinn und Tragweite dieser letzten Bestimmung sind freilich nicht ganz sicher;[1] man wird auch hier gut tun, die bisherige Rechtsprechung nicht aus dem Auge zu lassen.

IV.

1. Im Verhältnis zu den bisher betrachteten Rechten ist die Zahl der Entscheidungen zum Wechselkollisionsrecht in den Vereinigten Staaten von Amerika außerordentlich groß; sie bilden dort den wesentlichsten Bestandteil der Judikatur zum internationalen Obligationenrecht überhaupt. Das erklärt sich einmal aus der privatrechtlichen Autonomie der zahlreichen Einzelstaaten, zwischen denen längst ein lebhafter geschäftlicher Verkehr herrschte, die aber erst in den letzten 30 Jahren die bis dahin oft sehr fühlbaren Unterschiede der materiellen Wechselrechte nach dem Muster des 1896 aufgestellten Uniform Negotiable Instruments Act schrittweise ausgeglichen haben. Mit wenigen Ausnahmen betreffen die Entscheidungen also interterritoriale Konflikte. Die sachlichen Probleme sind jedoch genau dieselben wie im internationalen Wechselrecht. Sodann handelt es sich in der weit überwiegenden Zahl der Fälle nicht um Tratten, bills of exchange, sondern um Eigenwechsel, promissory notes, im Grunde also um kaum formalisierte Schuldversprechen, die mit den besonderen Vorteilen der negotiability (Übertragbarkeit durch Indossament mit Garantieeffekt und Einredenausschluß) ausgestattet sind, von den Federal Reserve-Banken zum Diskont angenommen werden und sich deshalb einer fast universalen Brauchbarkeit und großen Beliebtheit im Geschäftsleben erfreuen.[2]

Der Gesamteindruck,[3] den man aus der Fülle dieser Ent-

[1] Vergl. Dicey S. 665; Westlake §§ 231/2 und im einzelnen unten S. 72 f., 79.

[2] S. dazu auch Kuhn, Académie de Dr. Int. Recueil VIII (1925 III) S. 166.

[3] Vergl. zum Folgenden insbesondere Wharton II, §§ 447 ff.; Daniel I §§ 863 ff.; Corpus Juris Bd. VIII. s. v. Bills and Notes §§ 139 ff.; Beale 23 Harv. LR 1, 79, 194, 260.

scheidungen gewinnt, ist verwirrend. Wenn Beale (a. a. O. S. 1) erklärt: „No topic of the conflict of laws is more confused, than that which deals with the law applying to the validity of contracts“ und die Entscheidung Garrigue v. Keller[1] in Bezug auf die Wechselfähigkeit klagt: „the decisions of the courts of different states upon the question before us are in irreconcilable conflict and in hopeless confusion“, so kann dieses Urteil, wenigstens vom Standpunkt einer strengen Dogmatik aus, getrost auf das ganze Gebiet des Wechselkollisionsrechts übertragen werden. Wechselfähigkeit, Gültigkeit und Wirkung von Wechselakten werden kaum je klar getrennt, lex loci actus und lex loci solutionis schon rein sprachlich („lex contractus“) nicht auseinandergehalten. Eine feste eindeutige Rechtsprechung ist auch innerhalb der einzelnen Staaten nur selten und mit Mühe festzustellen;[2] selbst der Supreme Court of the United States sind handgreifliche Widersprüche unterlaufen.[3] Schon aus diesen Gründen kann, abgesehen von den technischen Schwierigkeiten in der Erreichung mancher älterer Entscheidungen, die Aufgabe hier nicht die sein, ein möglichst lückenloses Bild der Judikatur und ihrer Entwicklung zu geben; es muß genügen, die Hauptergebnisse und wichtigsten Streitpunkte an Hand einiger Entscheidungen in knappen Zügen darzustellen.

2. Es ist das elastische System Storys, die Vereinigung von lex loci actus und lex loci solutionis mit Hilfe des teils ausgesprochenen, teils vermuteten Parteiwillens, das sich in der amerikanischen Rechtsprechung mit all seinen Vorzügen und Nachteilen auswirkt. Story konnte sich bereits auf eine Reihe amerikanischer Entscheidungen berufen, die vor der englischen Judikatur die Gedanken Lord Mandsfields in Robinson v. Bland übernommen hatten. Besonders Massachussets ist reich an solchen alten Entscheidungen. In Powers v. Lynch[4] sagt der Rich-

[1] (Ind. 1905) 74 NE 523; 69 LRA 870.

[2] Vergl. den Versuch von Beale bezüglich der Gültigkeit von Rechtsgeschäften a. a. O. S. 79 ff., 194 ff. und seine Vorbehalte zu dem S. 207 zusammengestellten Ergebnis.

[3] Vergl. die Entscheidungen Scudder v. Union Nat. Bank (1875) 91 US 406, Clunet 1876, 206 und Hall v. Cordell (1891) 142 US 116, in denen bei genau entgegengesetztem Tatbestand beidemale das gleiche Ergebnis — Gültigkeit eines mündlich abgegebenen Akzepts — herauskam. S. dazu Beale a. a. O. S. 2, 82 ff.; Wharton II § 448 a.

[4] (1807) 3 Mass. 77.

ter Sedgwick von der Anwendung der lex loci actus auf die Haftung eines Indossanten: „It is a principle, too well known and established, and founded upon reasons too obvious to require proof or illustration ... provided it does not appear from the nature of the contract or from other facts, that, in the contemplation of the parties, the performance of the contract has relation to the laws of another country". Ein solcher abweichender Parteiwille wird verneint; das Versprechen eines Indossanten „made by a merchant in a place, where he is and has been for many years doing bussiness as such, cannot, in the nature of it, contemplate its performance, as to himself, but according to the law of the place, where it is made".[1] In Prentiss v. Savage[2] hält der Richter Parker die Haftung des Wechselausstellers nach der lex loci actus für kaum einer Begründung bedürftig: „This is nothing more than conmon sense and sound justice, adopting the probable intent of the parties as to the rule of construction." Also: Primär gilt lex loci actus; die lex loci solutionis bildet demgegenüber eine auf den Parteiwillen gegründete, freilich beim Bezogenen und beim Aussteller einer promissory note regelmäßig vorliegende Ausnahme. Aber die Geltung der lex loci actus für Wechselaussteller und Indossanten wird nun ihrerseits wieder gestützt auf den vermutlichen Willen der Partei, am Ort der Erklärung auch zu erfüllen.

Im praktischen Ergebnis kann das wie in England auf die einfache Formel gebracht werden: lex loci actus für Wechselaussteller und Indossanten, lex loci solutionis für Akzeptanten und Aussteller von promissory notes. Zwar ist in Widerspruch zu diesem zweiten Satz gleichfalls in Massachussets in einer frühen Entscheidung[3] die Schadensersatzhaftung eines Akzeptanten für die Nichthonorierung eines in England ausgestellten und zahlbaren, dort auch auf einer Reise von ihm akzeptierten Wechsels nach dem Recht seines Wohnorts Boston beurteilt worden, aber das Gericht hatte dabei eher die lex fori als die lex domicilii im Auge, und das Urteil hat auch allgemein Widerspruch gefunden.[4] Im übrigen wird die Geltung der lex loci solutionis für A k z e p t a n t e n u n d A u s s t e l-

---

[1] Ähnlich der Richter Shaw in Williams v. Wade (1814, Mass.) 1 Metc. 82.

[2] (1816) 13 Mass. 20.

[3] Grimshaw v. Bender (1809) 6 Mass. 157.

[4] So schon Story § 319; s. a. Daniel I § 878.

ler von promissory notes durchweg betont,[1] auch in den Fällen, in denen Ausstellungs- und Zahlungsort der note zusammenfällt,[2] und praktisch angewandt, wenn der Zahlungs- vom Erklärungsort abweicht.[3] Die Angabe eines Domizilorts im Papier schafft, wie die Entscheidung Brown v. Gates[4] ausführt, „very persuasive evidence of the intention of the parties. It is commonly held so conclusive in its effect that it must prevail unless it is made to appear that it would invalidate the contract and that the parties intended to avoid such a result.“ Nach dem Recht des Zahlungsorts richtet sich demnach die Fälligkeit eines Wechsels,[5] die Frage, ob der Bezogene durch Zahlung auf Grund eines gefälschten Indossaments,[6] ob der Aussteller einer promissory note durch Vergleich mit dem Remittenten frei wird.[7] Die lex loci solutionis ergibt ferner, ob der Zeichner einer promissory note als Mit-Aussteller (joint maker) oder als Indossant anzusehen ist.[8]

Abweichende Entscheidungen betreffen nicht so sehr den

---

[1] Vgl. Wharton II §§ 450 ff.; Daniel I §§ 895/6.

[2] Merchants Bank of Canada v. Brown. (1903) 83 NYS 1037; Woodruff v. Hill (1874) 116 Mass. 310; Shoe & Leather Nat. Bank v. Wood (1886, Mass.) 8 NE 753; Banca Italiana di Sconto v. Columbia Counter Co. (1925, Mass.) 148 NE 105; Central Trust Co. v. Burton (1889, Wis.) 43 NW 141; Arnett v. Pinson (1908, Ky.) 108 SW 852; Dygert v. Vermont Loan & Trust Co. (1899) 94 Fed. 913.

[3] Heller v. Goslin (1900) 65 NYS 232; Midland Steel Co. v. Citizen's Nat. Bank (1904, Ind.) 72 NE 290. Egley v. Bennett (1923, Ind.) 139 NE 385; Montana Coal & Coke Co. v. Cincinnati Coal & Coke Co. (1904, Oh.) 69 NE 613; Brown v. Worthington (1912, Mo.) 142 SW 1082.

[4] (1903, Wis.) 97 NW 221; 98 NW 205.

[5] Hammond, Snyder & Co. v. American Express Co. (1908 Md.) 68 Atl. 496.

[6] Caras v. Thalman (1910) 123 NYS 97; Casper v. Kuhne (1913) 144 NYS 502; Belestin v. First National Bank (1914 Mo.) 164 SW 160; Kessler v. Armstrong Cork Co. (1907) 158 Fed. 744.

[7] Spies v. Nat. City Bank (1903, NY) 66 NE 736, 61 LRA 193. Ähnlich auch Sykes v. Citizen's Nat. Bank (1908 Kan.) 98 Pac. 206, 19 LRA (NS) 665.

[8] Montana Coal & Coke Co. v. Cincinnati Coal & Coke Co. (1904 Oh.) 69 NE 613; Sunflower State Bank v. Bowman. (1922 Mo.) 243 SW 403; Producers State Bank v. Danciger (1924 Mo.) 264 SW 1000. Ebenso Wharton II § 448 c. — Dagegen wird die lex loci actus angewandt in Welsh Co. v. Gillette (1911 Wis.) 130 NW 879, wohl auch in Cockburn v. Kinsley (1913 Col.) 135 Pac. 1112. Die Frage bleibt dahingestellt, weil materiell nach Bundesrecht entschieden, in Phipps v. Harding (1895) 70 Fed. 468.

Umfang der Haftung als die — davon freilich nicht getrennte und oft auch schwer zu trennende — Frage der Gültigkeit der Verpflichtungserklärung.[1] Bereits erwähnt wurde (oben S. 34, Anm. 3) der Gegensatz in der Frage der Haftung aus mündlichem Akzept.[2] Ein ähnlicher Streit zieht sich durch die Judikatur aller Staaten wegen der Behandlung wucherischer Zinsabreden: Die Wuchergrenze ist in den einzelnen Staaten verschieden hoch gezogen und ihre Überschreitung hat teils die Nichtigkeit des ganzen Geschäfts, teils nur die Streichung der zu hohen Zinsen zur Folge.[3]

Endlich verursacht die — gleichfalls nach dem einheitlichen Vertragsstatut beurteilte — Wechselfähigkeit der Ehefrau Schwierigkeiten.[4] Die widersprechenden Entscheidungen

---

[1] Vgl. dazu insbes. Beale a. a. O.

[2] Für das Recht des Erklärungsorts Scudder v. Union Nat. Bank (1875) 91 US 406, Clunet 1876, 206; für das Recht des Zahlungsorts Hall v. Cordell (1891) 142 US 116 und Mason v. Dousay (1864) 35 Ill. 424.

[3] Die lex loci actus wurde angewandt in Bank v. Low (1880) 81 NY 566; Sheldon v. Haxtun (1883) 91 NY 124; Merchants Bank v. Griswold (1878) 72 NY 472; Smith v. Dixon (1912) 134 NYS 1097; Whitehead v. Heidenheimer (1901) 68 NYS 704; Staples v. Nott (1891, NY) 28 NE 515; Akers v. Demond (1869) 103 Mass. 318; Glenny Glass Co. v. Taylor (1896 Ky.) 34 SW 711; Tenny v. Porter (1895, Ark.) 33 SW 211; Andrews v. Pond (1839) 38 US 65; Sturdivant v. Memphis Nat. Bank (1894) 60 Fed. 730; Tilden v. Blair (1874) 88 US 241, Buchanan v. Drovers' Nat. Bank (1893) 55 Fed. 223, vgl. auch Farmers Nat. Bank v. Sutton (1892) 52 Fed. 191.

Dagegen wurde die lex loci sol. angewandt in Jewell v. Wright (1864) 30 NY 260; Dickinson v. Edwards (1879) 77 NY 573; Simpson v. Hefter (1904) 87 NYS 243; Bigelow v. Burnham (1891 Jowa) 49 NW 104; Central Trust Co. v. Burton (1889 Wis.) 43 NW 141; Mc. Garry v. Nicklin (1895 Ala.) 17 So. 726, Freese v. Brownell (1871 N. J.) 35 NJL 286; Hubbell v. Morristown Land Co. (1895 Tenn.) 32 SW 965.

[4] Vgl. den oben S. 34 wiedergegebenen Satz aus Garrigue v. Keller (Ind. 1905) 74 NE 523, 69 LRA 870; ferner für lex loci actus Union Nat. Bank v. Chapman (1902, NY) 62 NE 672, 57 LRA 513; Chemical Nat. Bank v. Kellogg (1905 NY) 2 LRA (NS) 299; Nat. Exchange Bank v. Rook Granite Co. (1911 N. C.) 70 SE 1002; Hager v. Nat. German-American Bank (1898 Ga.) 31 SE 141; Intern. Harvester Co. v. Mc. Adam (1910 Wis.) 124 NW 1042; First Nat. Bank of Geneva v. Shaw (1902 Tenn.) 70 SW 807. Indessen arbeiten die beiden letzten Entsch. stark mit dem Gedanken des ordre public.

Für lex loci sol. Milliken v. Pratt (1878) 125 Mass. 374 (ein Bürgschaftsfall); Jefferis v. Kanawha Fuel Co. (1923 Wis.) 196 NW 238; Smoot v. Judd (1901 Mo.) 61 SW 854.

Unentschieden Farm Mortg. Co. v. Beale (1925 Neb.) 202 NW

erklären sich aber zu einem großen Teil einfach aus dem Bestreben der Gerichte, soweit irgend möglich die Gültigkeit derartiger Geschäfte aufrecht zu erhalten.[1] Hier ist denn auch die Parteiautonomie regelmäßiges Aushilfsmittel. Eine Preisgabe oder ernsthafte Erschütterung der Geltung der lex loci solutionis darf darin also nicht erblickt werden.

Dagegen bleibt es für Wechselaussteller und Indossanten bei der Anwendung der lex loci actus.[2] Nach diesem Recht bestimmt sich die Höhe der Regreßzinsen,[3] die Haftung für nachträgliche Zusätze,[4] die Frage, ob der Indossant primär oder nur subsidiär haftet,[5] ob die Regreßschuldner durch Befreiung des Hauptschuldners auch ihrerseits befreit werden.[6] Daß gelegentlich das Schwergewicht der Begründung auf den Umstand gelegt wird, daß Aussteller und Indossanten an diesem Ort auch zu erfüllen haben,[7] darf bei der oben skizzierten Grundhaltung dieser Judikatur nicht als strenger Gegensatz zum Ausgangspunkt, der Geltung der lex loci actus, aufgefaßt werden. Eine Entscheidung verläßt allerdings die lex loci actus bewußt zugunsten der davon abweichenden lex domicilii des Schuldners, weil das Indossament gelegentlich einer Reise in einem Staat erfolgt war, zu dem die Parteien oder das Grundgeschäft sonst keine Beziehungen aufwiesen,[8] und ein anderes Urteil wendet aus ähnlichem Grund sogar das Wohnsitzrecht des Indossatars

877 („lex contractus"); Mayer v. Roche (1909 N. J.) 75 Atl. 235, 26 LRA (NS) 763; Basilea v. Spagnuolo (1910 N. J.) 77 Atl. 531. Die beiden letzten Entsch. stellen alles auf den Parteiwillen ab.

[1] Das wird allgemein anerkannt: Wharton II §§ 429 ff., 448 a; Daniel I §§ 922 ff.; Beale a. a. O. S. 86, 91, 101/2, 197.

[2] Wharton II §§ 449 a, b; Daniel I §§ 898 ff.

[3] Aymar v. Sheldon (1834 N. Y.) 12 Wend. 439; Crawford v. Branch Bank (1844) 6 Ala 12; Trabue v. Short (1866) 18 La. Ann. 257.

[4] Colonial Nat. Bank of Cleveland v. Duerr (1905) 95 NYS 810.

[5] Williams v. Wade (1814 Mass.) 1 Metc. 82; Hunt v. Standart (1860) 15 Ind. 33; Trabue v. Short (1866) 18 La. Ann. 257; Weil v. Sturgis (1901 Ky.) 63 SW 602. Dazu Wharton II § 452 f.

[6] Spies v. Nat. Bank (1903 NY) 66 NE 736, 61 LRA 193; Caras v. Thalmann (1910) 123 NYS 97; Casper v. Kuhne (1913) 144 NYS 502; Prentiss v. Savage (1816) 13 Mass. 20; Mackintosh v. Gibbs (1909 NJ) 74 Atl. 708; Belestin v. First Nat. Bank (1914 Mo.) 164 SW 160; Kessler v. Armstrong Cork Co. (1907) 158 Fed. 744.

[7] Musson v. Lake (1846) 45 US 262; Freese v. Brownell (1871) 35 NJL 286.

[8] Vanzant v. Arnold (1860) 31 Ga. 210.

und Regreßgläubigers an.[1] Doch läßt sich beides mit Hilfe des stets im Hintergrund bereitstehenden Parteiwillens zur Not rechtfertigen und entspricht jedenfalls nicht der normalen Lösung, die auch da, wo Wohnsitz des Schuldners und Indossamentsort auseinanderfallen, diesem den Vorzug gibt.[2]

Aus dieser Bevorzugung ergibt sich fast zwangsläufig die kollisionsrechtliche Unabhängigkeit der einzelnen Wechselverpflichtungen. Sie wird denn auch in der Rechtsprechung von Anfang an sehr klar betont.[3] Die Supreme Court of Indiana, die einmal[4] davon abgewichen ist, indem sie die Haftung aus einem in Indiana vollzogenen Indossament nach dem Recht von New York, dem Zahlungsort der promissory note, beurteilt hat, ist wenig später in der eingehend begründeten Entscheidung Hunt v. Standart[5] zur herrschenden Lehre zurückgekehrt. Für die Gegenansicht kann vielleicht die Entscheidung Dunnigan v. Stevens[6] angeführt werden, obwohl sie wegen Identität von Zahlungs- und Indossamentsort die Frage nicht völlig klar entscheidet. Ohne praktische Konsequenzen ist auch die Auflehnung des Richters Sanborn in der sehr gründlichen Entscheidung Guernsey v. Imperial Bank of Canada[7] gegen die herrschende Unabhängigkeitslehre, da er nur seine persönliche Meinung zum Ausdruck bringt und sich im Ergebnis der von ihm bekämpften herrschenden Lehre anschließt.

Die Unabhängigkeit wird schärfer durchgeführt als im

---

[1] Lee v. Sellick (1865) 33 NY 615. Dagegen aber schon Artisans Bank v. Park Bank 41 Barb. 599.

[2] So Trabue v. Short (1866) 18 La. Ann. 257; vgl. Daniel I §§ 876 ff. 899.

[3] Wharton II §§ 449 ff.; Daniel I §§ 898 ff. Aus der Rechtsprechung vgl. Aymar v. Sheldon (1834 NY) 12 Wend. 439; Allen v. Merchants Bank (1839 NY) 22 Wend. 215; bes. ausführlich Amsinck v Rogers (1907) 82 NE 134, 12 LRA (NS) 875; ferner Crawford v. Branch Bank (1844) 6 Ala 12; Trabue v. Short (1866) 18 La. Ann. 275; Freese v. Brownell (1871) 35 NJL 286.

[4] Shanklin v. Cooper (1846 Ind.) 8 Blackford 41. Ähnlich Everett v. Vendryes (1859) 19 NY 436 (vgl. unten S. 98).

[5] (1860) 15 Ind. 33.

[6] (1887 Ill.) 13 NE 651. — Die Entscheidung Hibernia Nat. Bank v. Lacombe (1881) 84 NY 367 betrifft einen scheckrechtlichen Fall und ist daher aus diesem Zusammenhang besser auszuscheiden.

[7] (1911) 188 Fed. 300.

englischen Recht. Die Notwendigkeit der Präsentation eines Wechsels bestimmt sich nach dem Recht jedes einzelnen Schuldners;[1] für die Vorlegungsfrist sind die Ansichten allerdings geteilt.[2] Protest und Notifikation gelten wie in Deutschland als implied conditions der Regreßhaftung; ihre Notwendigkeit wird daher nach dem Recht des Ausstellungs- oder Indossamentsorts beurteilt.[3] Indessen wird die Notwendigkeit nicht immer deutlich von der Form getrennt.[4] Im allgemeinen wird heute die Form — die Entscheidungen sprechen von time, mode, manner, sufficiency von Protest und Notifikation — nach dem Recht des Zahlungsorts des Bezogenen beurteilt,[5] während einige ältere Entscheidungen[6] auch die sufficiency der Notifikation nach dem Recht der Regreßschuld bemessen. Die Behandlung der Notifikation ist mithin noch nicht endgültig geklärt.[7]

Von einschneidender Bedeutung ist schließlich der Rechtssatz, daß als Erklärungsort nicht der Platz gilt, wo die Unterschrift geleistet, sondern derjenige, wo das Papier dem Remittenten oder Indossatar begeben (delivered) worden ist.[8] Als delivery gilt schon die Aufgabe zur Post. Dieser Ort ist maß-

---

[1] Aymar v. Sheldon (1834 NY) 12 Wend. 439; Musson v. Lake (1846) 45 US 262. (Gegen die Stimme des Richters Woodbury).

[2] Für das Recht der einzelnen Indossanten Warner v. Citizens Bank of Parker (1894 S. D.) 60 NW 746. Für das Recht des Zahlungsortes der Hauptschuld Pierce v. Indseth (1882) 106 US 546, Clunet 1883, 412.

[3] Wharton II §§ 452 b u. d, Daniel I §§ 909 ff.; Aymar v. Sheldon (1834 NY) 12 Wend. 439; Allen v. Merchants Bank (1839 NY) 22 Wend. 215; Amsinck v. Rogers (1907) 12 LRA (NS) 875, 82 NE 134; Casper v. Kuhne (1913) 140 NYS 86; Douglas v. Bank of Commerce (1896 Tenn.) 36 SW 874; Columbia Finance and Trust Co. v. Purcell (1906) 142 Fed. 984; Stubbs v. Colt (1887) 30 Fed. 417. Die Frage ist ausdrücklich offen gelassen in State Bank v. Carr (1902 N. C.) 41 SE 876 u. Carmen v. Higginson (1923 Mass.) 140 NE 246.

[4] Sehr klar Guernsey v. Imp. Bank of Canada (1911) 188 Fed. 300.

[5] Wharton II §§ 452 c, e. Außer der eben genannten Entscheidung vgl. Wooley v. Lyon (1886 Ill.) 6 NE 885; Carmen v. Higginson (1923 Mass.) 140 NE 246; Second Nat. Bank v. Smith (1903 Wis.) 94 NW 664. Gleason v. Thayer (1913 Conn.) 87 Atl. 790. Anders ist wohl auch Todd v. Neals Administrator (1873) 49 Ala 266 nicht aufzufassen; zur Entscheidung stand hier jedenfalls nur die Frage, ob der Protestbeamte als öffentlicher Notar anzusehen war.

[6] Aymar v. Sheldon (1834 NY) 12 Wend. 439; Snow v. Perkins (1851) 2 Mich. 238.

[7] Vgl. Wharton II § 452 e, Daniel I § 910.

[8] Wharton II §§ 422 a, 447 a.

gebend für die Gültigkeit der Erklärung,[1] für die Wechselfähigkeit des Erklärenden[2] und für die Haftung von Aussteller und Indossanten.[3] Insbesondere bei Gefälligkeitsakzepten und -indossamenten wird regelmäßig auf den Ort der Begebung durch den Aussteller abgestellt[4] Praktisch läßt man jedoch mindestens eine Vermutung dafür sprechen, daß die Begebung an dem im Wechsel angegebenen Erklärungsort erfolgt ist.[5] Sie wird sogar, wenn dadurch die Wechselfähigkeit des Erklärenden gerettet werden kann, unter Berufung auf den Parteiwillen zur praesumptio juris et de jure verstärkt.[6] In anderen Fällen wird das gleiche Ergebnis auf estoppel, also den Schutz des Vertrauens des redlichen Erwerbers auf die Skriptur gestützt.[7]

Von der Rolle, die die Parteiautonomie in dem ganzen

---

[1] Banca Italiana di Sconto v. Columbia Counter Co. (1925 Mass.) 148 NE 105 (Ausstellung in Boston, delivery in Italien); Barret v. Dodge (1890 R. I.) 19 Atl. 530; Winward v. Lincoln (1902 R. I.) 51 Atl. 106, 64 LRA 160; Buchanan v. Drovers Nat. Bank (1893) 55 Fed. 223; Tilden v. Blair (1874) 88 US 241; Farmers Nat. Bank of Valparaiso v. Sutton (1892) 52 Fed. 191.

[2] Garrigue v. Keller (1905 Ind.) 74 NE 523, 69 LRA 870. Über die wechselnde Anknüpfung für die Frage der Gültigkeit und Wechselfähigkeit s. im übrigen oben S. 37 f.

[3] Smith v. Dixon (1912) 134 NYS 1097; Welsh Co. v. Gilette (1911 Wis.) 130 NW 879; Freese v. Brownell (1871) 35 NJL 286; Roads v. Webb (1898 Me.) 40 Atl. 128; Tilden v. Blair (1874) 88 US 241. Ebenso Egley v. Bennett (1923/4 Ind.) 139 NE 385, 144 NE 533.

[4] Welsh Co. v. Gilette (1911 Wis.) 130 NW 879; Miller Bros. Co. v. Blackburn Coal Co. (1926 Ky.) 279 SW 618; Stubbs v. Colt (1887) 30 Fed. 417. — Anders Basilea v. Spagnuolo (1910 NJ.) 77 Atl. 531 mit der Begründung, daß die Indossantin, deren Wechselfähigkeit streitig war, den Ort der delivery durch ihren Ehemann nicht gekannt habe.

[5] Greenbaum Sons' Bank and Trust Co. v. Porth (1924 Kan.) 226 Pac. 747; Phelps v. Weber (1913) 87 Atl. 469. Nach dieser zweiten Entscheidung gilt mangels eines Datums der Wohnort des Indossanten als Erklärungsort.

[6] Walling v. Cushman (1921 Mass.) 130 NE 175; Jefferis v. Kanawha Fuel Co. (1923 Wis.) 196 NW 238; Farm Mortg. Co. v. Beale (1925 Neb.) 202 NW 877; Bigelow v. Burnham (1891 Jowa) 49 NW 104; Mayer v. Roche (1909 NJ) 75 Atl. 235, 26 LRA (NS) 763.

[7] So Watson v. Boston Woven Cordage Co. (1894) 26 NYS 1101; Chemical Nat. Bank v. Kellogg (1905 NY.) 2 LRA (NS) 299. Offen gelassen wird diese Möglichkeit in Hager v. Nat. German-American Bank (1898 Ga.) 31 SE 141, abgelehnt in Basilea v. Spagnuolo (1910 NJ.) 77 Atl. 531 (vgl. oben Anm. 4).

Fragenkomplex spielt, war bereits mehrfach die Rede.[1] Auf der einen Seite steht das gesunde Streben der Gerichte, aus der Masse der Präzedenzfälle klare Kollisionsnormen als „hard and fast rules" herauszubilden, die ohne lange Umschweife eine sichere Fallentscheidung ermöglichen und damit die Rechtssicherheit fördern, auf der anderen Seite aber nicht minder stark das Bedürfnis, dem Einzelfall gerecht zu werden, was ohne Verletzung der Harmonie des Ganzen nur möglich ist, wenn man sich zur Parteiautonomie nicht als zu einer ultima ratio, sondern als der tragenden Grundlage des Wechselkollisionsrechts bekennt. In der Rechtsprechung des Obersten Gerichtshofs der Vereinigten Staaten ist jene erste Richtung wohl am klarsten in dem berühmten Scudder-case,[2] die zweite in der — nicht Wechsel, sondern Schuldverschreibungen betreffenden — Entscheidung Pritchard v. Norton[3] zum Ausdruck gekommen. Zwischen diesen beiden Polen schwankt die Judikatur. Nur selten hat man, wie der Richter Shaw in der die Gültigkeit der Ausstellung eines Kreditbriefs betreffenden Entscheidung Carnegie v. Morrison,[4] den Versuch gemacht, die Grenzen der Parteiautonomie zu bestimmen. Gerade da, wo die Gültigkeit von Wechselerklärungen oder die Wechselfähigkeit einer Erklärenden in Frage steht, ist, wie schon erwähnt, die Parteiautonomie das Allheilmittel,[5] auch um, wie in First Nat. Bank of Johnson City v. Mann,[6] sowohl Ausstellungs- wie Zahlungsort zu entgehen, und selbst da, wo ein dritter, am Begebungsvertrag zwischen Aussteller und Remittent der promissory note nicht beteiligter Indossatar den Aussteller in Anspruch nimmt[7] Die Entscheidung Limerick Nat. Bank v. Howard[8] geht sogar so weit, die Voraussetzungen des gutgläubigen Erwerbs eines Wechsels dem Parteiwillen zu entnehmen; sie verlangt „such a degree of good faith as the parties intended".[9]

[1] Wharton II §§ 427b—p; Beale a. a. O. S. 206f., 260ff.; Lorenzen 30 Yale L J 576ff.; 31 Yale L J 54ff.

[2] (1875) 91 US 406, Clunet 1876, 206 (Scudder v. The Union Nat. Bank of Chicago.)

[3] (1882) 106 US 124.

[4] (1841 Mass.) 2 Metc. 381. Vgl. dazu Beale a. a. O. S. 10.

[5] Orr's Administrator v. Orr (1914 Ky.) 163 SW 757; Smoot v. Judd (1901 Mo.) 61 SW 854; Basilea v. Spagnuolo (1910 NJ.) 77 Atl. 531; Meyer v. Roche (1909 NJ) 75 Atl. 235, 26 LRA (NS) 763.

[6] (1894 Tenn.) 27 SW 1015.

[7] Glenny Glass Co. v. Taylor (1896 Ky.) 34 SW 711.

[8] (1901 N. H.) 51 Atl. 641.

[9] Gemeint ist der Wille des Ausstellers als des beklagten Schuld-

§ 3. Parteiautonomie und Rechtsschein.

I.

1. Die Lehre von der Parteiautonomie, deren Geltung im internationalen Wechselrecht hier an erster Stelle zu untersuchen ist, ist heute wieder in den Mittelpunkt des theoretischen Streites gerückt, nachdem sie seit Molinäus den sichersten Bestandteil des internationalen Obligationenrechts gebildet hatte. Die französische Doktrin versucht das Eingreifen des Parteiwillens an feste objektive Voraussetzungen zu binden.[1] Auch Frankenstein erklärt ihre unbegrenzte Anwendung für „begrifflich unmöglich", die ganze Lehre vom praktischen Standpunkt aus für „graue Theorie".[2] Moderne international-privatrechtliche Gesetze, wie das brasilianische und das polnische, ziehen dem Parteiwillen einen festen äußeren Rahmen.

Im internationalen Wechselrecht wird dem Grundsatz der Parteiautonomie meist noch seine alte Machtstellung zuerkannt.[3] Der Codigo Bustamante und das chinesische Gesetzbuch stellen ihn mit Betonung voran. Die Länder mit der reichsten Rechtsprechung auf diesem Gebiete, Deutschland und Amerika, wenden ihn, wie sich eben gezeigt hat, in der Praxis der Gerichte täglich an.

2. Über die theoretischen Grundfragen ist hier nicht zu streiten. Die Angriffe, die hier gegen jene Machtstellung zu richten sind, entstammen praktischen, spezifisch wechselrechtlichen Erwägungen. Der Wechsel wird seiner wirtschaftlichen Funktion als Zahlungs- und Kreditinstrument dadurch gerecht, daß er sich von den Grundgeschäften, die Anlaß zu seiner Ausstellung und Begebung gebildet haben, loslöst, und zwar auch in denjenigen Ländern, in denen diese Abstraktion nicht so

---

ners, nicht der der Indossamentsparteien. Da es nur darauf ankam, die Geltung der „lex contractus" gegenüber der lex fori zu verteidigen, ist die klar begründete Entscheidung im Ergebnis zu rechtfertigen (vgl. unten S. 98 Anm. 8). Aber der Gedankengang ist symptomatisch.

[1] Statt aller Caleb, L'Autonomie de la volonté, 1927, und Niboyet in Lapradelle-Niboyet, Répertoire Bd. II 1929 s. v. Autonomie de la volonté.

[2] Frankenstein II 159, 164. Weniger scharf, aber im Ergebnis gleichfalls die Notwendigkeit objektiver Grenzen betonend Lewald S. 199 ff.; Gutzwiller, Internationalprivatrecht (in Stammlers Enzyklopädie 1930) S. 1605 f. mit weiterer Literatur.

[3] Vgl. etwa Weiss IV S. 458, Surville n. 484.

konsequent durchgeführt ist wie in der deutschen WO und ihren Nachfolgern. Die unbegrenzte Vielfältigkeit jener Geschäfte kommt im Wechsel nicht mehr zum Ausdruck, er enthält nur gleichförmige, nach einem **einheitlichen Typus** gebildete und — wenn nicht durch das Gesetz, so durch die Geschäftspraxis, insbesondere der Diskontierungsstellen — stark formalisierte Rechtsgeschäfte. Wenige, stets wiederkehrende Formeln bilden seinen Inhalt; meist genügt eine einfache Namensunterschrift, um eine Verpflichtung zu erzeugen. Wer seine vom Typischen abweichenden Sonderzwecke durchsetzen will, hat gleichfalls nur einige Klauseln zur Verfügung, um diesem Willen Ausdruck und Geltung zu verschaffen.

Für das Kollisionsrecht kann nichts anderes gelten. Nicht als ob das öffentliche Interesse verlangte, die Parteien unter ein Joch zwingender Rechtssätze zu spannen. Aber der typische Inhalt des Rechtsgeschäfts hat beim Wechsel den individuellen so sehr verdrängt, daß es unsinnig erscheint, gerade die Lösung kollisionsrechtlicher Fragen von den jeweiligen Umständen des Einzelfalls, den persönlichen Verhältnissen und Wünschen der Wechselbeteiligten abhängig zu machen.

Die Erkenntnis des typenmäßigen Charakters des Wechselversprechens zwingt nicht dazu, die Parteiautonomie im Wechselkollisionsrecht ganz auszuschließen. Es bleibt den Beteiligten unbenommen, das Rechtsgeschäft durch ausdrückliche, auch bloß mündliche Erklärung einem bestimmten Recht zu unterstellen. Wie dieser Wille in der Wechselurkunde zum Ausdruck gebracht werden kann, wird noch im einzelnen zu untersuchen sein. Selbst die Berufung auf den stillschweigend erklärten Willen ist im Verhältnis zum Erklärungsgegner nicht schlechthin undenkbar. Nur wird ein solcher, durch Wort oder Tat, in oder außerhalb der Urkunde ausgedrückter Wille kaum je festzustellen sein. In der ganz überwiegenden Zahl der Fälle ist mehr als die typische Erklärung nicht abgegeben, etwas anderes als das typische Geschäft nicht gewollt worden. Dem muß das Kollisionsrecht Rechnung tragen. Beim Fehlen einer solchen Erklärung darf nicht gefragt werden, was die Parteien vermutlich gewollt hätten, wenn sie die Frage des Kollisionsrechts erwogen hätten. Vielmehr ist die Lücke, die die Parteien im Vertrauen auf die Übereinstimmung ihres Falls mit den tausend anderen, alltäglich geschlossenen Geschäften dieser Art in Wahrheit offen lassen, dadurch auszufüllen, daß man die typische Interessenlage betrachtet und die stets wiederkehrende Vertrags- zur objektiven Gesetzesnorm umgestaltet. An dieser Kollisionsnorm ist dann aber auch in den Fällen festzuhalten, in denen die Interessenlage vom Typus abweicht, die Parteien also vermutlich eine andere Anknüpfung gewollt hätten, dies aber nicht zum Ausdruck gebracht haben. Wenn irgendwo im Handelsrecht, so muß im Wechselrecht die schmiegsame Anpassung an den Einzelfall der sicheren Vorausbestimmbarkeit der Entscheidung weichen. Wer sich durch Wechsel verpflichtet, muß wissen, daß er dem Gegner eine rücksichtslose und schneidige Waffe in die Hand gibt.[1]

3. Der Sicherheitsgedanke, der hier anklingt, gewinnt noch erhöhte Bedeutung, sobald der Wechsel in Umlauf gesetzt wird. Die Skripturmäßigkeit des Papiers — die auch den Kern der „negotiability" des englisch-amerikanischen Rechts bildet — schützt das Vertrauen des redlichen Erwerbers auf den durch den Text des Wechsels erzeugten „Rechtsschein" und schneidet ihm gegenüber vor allem die Berufung des Schuldners auf sein Rechtsverhältnis zum Erklärungsgegner ab.[2] Auch das Kollisionsrecht untersteht dieser Grundregel des Wechselverkehrs. Sie unterstützt zunächst die Typisierung des Wechselgeschäfts und die aus ihr folgende Verdrängung des individuellen Parteiwillens durch objektive Kollisionsnormen. Sie wirkt insofern stärker, als sie auch einen — ausnahmsweise — erklärten Parteiwillen unberücksichtigt läßt, wenn er nicht in der Skriptur zum Ausdruck gekommen ist. Andererseits dient sie nur dem gutgläubigen Erwerber, kümmert sich also um das Rechtsverhältnis zum Erklärungsgegner nicht, was zur Folge haben kann, daß die Wechselverpflichtung gegenüber diesem einem andern Recht untersteht als gegenüber dritten. Endlich stellt sie auch nicht auf den erklärten Parteiwillen als solchen, sondern nur auf den äußeren Tatbestand, die Skriptur, ab. Die Skripturmäßigkeit führt also kollisionsrechtlich nicht bloß zur Beschränkung der Geltung der Parteiautonomie,

---

[1] Über die hier befolgte Unterscheidung zwischen konkretem und hypothetischem Parteiwillen und die Stellung des letzteren im internationalen Obligationenrecht s. die besonders klare Darstellung von Lewald S. 207 ff. Die Wechselverpflichtung ist den von ihm S. 218 ff. behandelten typischen Schuldverhältnissen zuzurechnen.

[2] Der Unterschied des Typisierungs- vom Rechtsscheingedanken zeigt sich beim deutschen Rektawechsel. Für ihn gelten nur die unter Ziff. 2, nicht die unter Ziff. 3 entwickelten Sätze.

sondern möglicherweise auch zur Schaffung eigener, vom Parteiwillen nicht getragener Anknüpfungspunkte. Wie weit sie damit von den durch die Typisierung gewonnenen Normen abweicht, bedarf noch besonderer Prüfung.

4. Betrachtet man demgegenüber die Praxis der Gerichte, so scheint es, als seien Rechtssicherheit und Verkehrsschutz nur theoretische Forderungen ohne praktisches Interesse. Aber die Bedeutung der Praxis darf gerade in dieser Frage nicht überschätzt werden. Die Rolle, die die Parteiautonomie sonst im internationalen Obligationenrecht spielt, vor allem auch der Streit der Theorie um die objektiven Anknüpfungsmomente, die dafür eintreten könnten, verleitet die Rechtsprechung leicht dazu, die Rechtsfrage in einer Tatfrage untergehen zu lassen und so die Verantwortung für die Anknüpfung auf den Parteiwillen abzuschieben.[1] Daher die wechselnde Begründung der amerikanischen Entscheidungen, daher auch in der deutschen Judikatur das Auftreten der Parteiautonomie regelmäßig in den Fällen, in denen die möglichen Anknüpfungspunkte auseinanderfallen. Es kann auch nicht behauptet werden, daß die Ergebnisse dieser Judikatur durchweg befriedigten. Der Opportunismus der amerikanischen Gerichte in Bezug auf die Gültigkeitsvoraussetzungen von Wechselerklärungen mag durch die inneramerikanischen Verhältnisse geboten sein, in denen die Verschiedenheit der Wuchergesetze, der Bestimmungen über die Wechselfähigkeit von Ehefrauen u. ä. als innerlich nicht gerechtfertigte Hemmungen des an die Staatsgrenzen nicht gebundenen Geschäftslebens empfunden werden. Seine Übertragung auf den internationalen Verkehr aber wäre schwer erträglich. In Deutschland läßt sich etwa der Gegensatz zwischen der die Wechselausstellung eines deutschen Kapitäns im Ausland behandelnden Entscheidung des RG. vom 5. 11. 1889[2] und der KG.-Entscheidung vom 22. 5. 1916[3] über das in Thorn abgegebene Indossament eines Österreichers nicht durch die Berufung auf den Parteiwillen aus dem Weg räumen. Beidemale war Kläger ein an der Ausstellung oder Indossierung unbeteiligter Erwerber des Papiers. Dort wurde im Ergebnis ohne Rücksicht auf die Skriptur an den Wohn- und Erfüllungsort des Ausstellers angeknüpft, hier zugunsten des in der Skriptur angegebenen Ortes diese Anknüpfung ausgeschlossen.

---

[1] Frankenstein II 165; Lewald S. 213 f., 217 f.
[2] Vgl. oben S. 20, Anm. 2, S. 21.
[3] Vgl. oben S. 22 zu Anm. 1.

Der Zustand der Judikatur widerlegt also nichts. Er stellt im Gegenteil Wissenschaft und Gesetzgebung vor die dankbare Aufgabe, dem Richter, der über dem Einzelfall das System vernachlässigen darf und muß, die Verantwortung durch Aufstellung fester Kollisionsnormen zu erleichtern. Nur so wird die Gefahr ewiger Schwankungen vermieden. Wie diese Normen zu lauten haben, darüber gibt die Rechtsprechung selbst Anhaltspunkte genug. Eine Kodifikation ist unter solchen Umständen nur zu begrüßen.

II.

1. Ist die regelmäßige Anknüpfung aus dem Bereich der jeweiligen Parteiinteressen herausgehoben, so muß Klarheit darüber geschaffen werden, welcher Spielraum der Parteiautonomie im Wechselkollisionsrecht noch bleibt. Wenn man von dem besonderen Rechtsschutz des unbeteiligten Dritten zunächst absieht, so steht, wie bereits erwähnt, der Berücksichtigung einer von der Regel abweichenden Parteivereinbarung nichts im Weg, sofern sie nur ausdrücklich oder stillschweigend erklärt und nicht lediglich vermutet, also fingiert wird. Indessen muß man mit der Annahme solcher Vereinbarungen vorsichtig sein; die erwähnte Typisierung wird es zu Nebenabreden, zumal kollisionsrechtlicher Art, also über ein dem Geschäftsmann fernstehendes Gebiet, kaum je kommen lassen. Das praktische Interesse beschränkt sich also auf die, unbeteiligten Erwerbern gegenüber auch rechtlich allein erhebliche, Frage, wie weit ein der regelmäßigen Anknüpfung widersprechender Parteiwille in der Skriptur zum Ausdruck kommen kann und welche in der Skriptur enthaltenen Formeln und Klauseln als kollisionsrechtliche Willenserklärungen zu deuten sind.

2. Wechselrechtliche Willenserklärung ist zunächst die Ausstellung des Wechsels, also die Formulierung des Wechseltextes durch den Aussteller oder wenigstens mit seiner durch die Unterschrift bekundeten Zustimmung. Der Aussteller hat es in der Hand, den Zahlungsort zu bestimmen. Regelmäßig wird er den Wohnort des Bezogenen wählen. Welche Bedeutung diesem Ort für das Kollisionsrecht zukommt, muß die aus der typischen Interessenlage gewonnene objektive Kollisionsnorm ergeben; ob sich der Aussteller darüber Gedanken macht, ist unerheblich. Wird der Wechsel anderswo domiziliert, so kann der

Aussteller damit auch eine andere kollisionsrechtliche Wirkung gewollt haben. Notwendig oder auch nur regelmäßig ist dies nicht der Sinn der Domizilierung, in der Regel wird der Aussteller vielmehr die Möglichkeit eines Gesetzeskonflikts nicht bedacht haben. Es entscheidet also wieder die objektive Kollisionsnorm. Knüpfte sie im ersten Fall an den Zahlungsort des Bezogenen an, so hat sie auch dessen Verschiebung durch den Aussteller zu berücksichtigen. Stellte sie aber etwa auf den Wohnort als solchen oder auf den Ort der Akzepterklärung ab oder war jener Ort kollisionsrechtlich überhaupt unerheblich, so kommt auch der Parteidisposition über den Zahlungsort keine kollisionsrechtliche Bedeutung zu.

Nicht anders liegt es bei der Angabe von Ausstellungs- und Indossierungsort in der Skriptur. Weicht das Datum vom wirklichen Erklärungsort ab, so steht nur soviel fest, daß der Erklärende den Ort des Datums als Erklärungsort betrachtet wissen wollte. Ob er dabei auch an die kollisionsrechtliche Beurteilung der Erklärung gedacht hat, ist zweifelhaft. Auch hier kann nur das gesicherte Auslegungsergebnis im Rahmen der feststehenden Kollisionsnorm berücksichtigt, die Willenserklärung also nur dann kollisionsrechtlich verwertet werden, wenn jene Norm an den Erklärungsort, nicht dagegen, wenn sie an den Wohnsitz oder Erfüllungsort des Erklärenden anknüpft. Auch im ersten Fall setzt die Beachtung des Parteiwillens freilich voraus, daß man die Fragen, die dem Recht des Erklärungsorts unterstehen, einer Parteidisposition für zugänglich hält. Das ist hinsichtlich der Form und Gültigkeit von Wechselerklärungen, auf die die lex loci actus ziemlich allgemein angewandt wird, bis heute namentlich auch in Deutschland streitig.[1] Die deutsche Rechtsprechung hat sich, wenn auch etwas zögernd, zugunsten des gewollten Erklärungsorts entschieden.[2] Die amerikanische Rechtsprechung ist, wie sich gezeigt hat

[1] Für die zwingende Geltung des wirklichen Erklärungsortes vor allem Staub-Stranz, Art. 85 Anm. 3 und die dort Zitierten; ebenso für Italien Diena III n. 208. Dagegen neuerdings eingehend Frankenstein II 426f., der zwar richtig sieht, daß es sich um eine Willenserklärung handelt, dieser Erklärung aber ohne weiteres auch kollisionsrechtlichen Inhalt zuschreibt.

[2] ROHG 6, 125; RGZ 32, 115; 91, 127. Ebenso der österr. Oberste Gerichtshof 6. 10. 1905, Niem. Z. 19, 284 (vgl. dazu Frankenstein I 549) und das Schweizer Bundesgericht 6. 4. 1900, Clunet 1905, 741 = Niem. Z. 10, 318.

(oben S. 41), bei Behandlung der nach dem Verpflichtungsstatut beurteilten Wechselfähigkeit zum selben Resultat gekommen. Die Frage kann, was Form und Gültigkeit anbelangt, hier auf sich beruhen; hat man einmal erkannt. daß die Angabe eines unrichtigen Datums eine Willenserklärung enthält, so besteht jedenfalls hinsichtlich des Inhalts und der Wirkung von Wechselerklärungen kein Bedenken, den Parteiwillen in den angegebenen Grenzen zu berücksichtigen. Die Bedeutung des gewollten Erklärungsorts ist auch nicht etwa auf das Verhältnis zum gutgläubigen Erwerber beschränkt.[1] Der Parteiwille muß vielmehr auch — man kann sagen, erst recht — gegenüber dem mit dem Sachverhalt vertrauten Erklärungsgegner maßgebend sein.

Diese Lösung stimmt wenigstens im Ergebnis mit der des Reichsgerichts in dem oben S. 21 berichteten Fall überein. An Stelle des angeblichen nur aus den Umständen gefolgerten Willens des deutschen Kapitäns, sich seinem Heimatsrecht zu unterwerfen, muß freilich eine objektive Rechtsnorm treten. Entscheidet man sich aber im Sinne der deutschen Theorie und Praxis dafür, die Ausstellerhaftung dem Recht seines Wohnsitzes und Erfüllungsortes zu unterwerfen, so kann jedenfalls der Umstand, daß die Skriptur — zu Recht oder zu Unrecht — einen anderen Ort als Ausstellungsort bezeichnet, auf jene Anknüpfung keinen Einfluß haben.[2]

3. Für den Parteiwillen ist damit kein sehr weiter Spielraum gewonnen. In den betrachteten Fällen ist er nicht selbständiger Anknüpfungsbegriff, sondern er schafft und verändert nur die objektiven Merkmale, an die die Kollisionsnorm anknüpft; sein Einfluß auf die Lösung des Konflikts ist nur mittelbar. Ihn unmittelbar in der Skriptur zur Geltung zu bringen, fehlt es indessen dem kaufmännischen Wortschatz an Ausdrucksmitteln; Klauseln kollisionsrechtlichen Inhalts wären zwar theoretisch denkbar, kommen aber — bezeichnend genug für das Fehlen eigener Entschließung der Parteien auf diesem

---

[1] So von Bar II 182; Grünhut II 579[35], Bettelheim 109, 159. Dagegen zutreffend Frankenstein II 426[45]. Vgl. dazu unten III 1.

[2] Auch Frankenstein II 433[74] billigt die Entscheidung. S. aber unten S. 50 Anm. 1. Ähnlich auch das Schweizer Bundesgericht 30. 6. 1899, BG 25, 502 (512): Der in Genf wohnende Aussteller eines Eigenwechsels haftet nach Genfer Recht, weil dort sein Erfüllungsort liegt, nicht weil das in Frankreich ausgestellte Papier von Genf datiert ist.

Gebiet — in der Praxis nicht vor. Eine andere Möglichkeit, jenen Spielraum zu erweitern, bestünde nur darin, die Domizilierung oder Datierung auf alle Fälle auch dann als kollisionsrechtliche Willenserklärung zu werten und zu befolgen, wenn die regelmäßige Kollisionsnorm an andere Tatbestandsstücke, also für den Akzeptanten — wie in den romanischen Ländern — an den Erklärungsort oder für Aussteller und Indossanten — wie in Deutschland — an den Erfüllungsort anknüpft. Diesen Weg hat das Kammergericht in der mehrfach erwähnten Entscheidung eingeschlagen: in der Angabe von Thorn als Indossamentsort im Wechsel sieht es die Willenserklärung, sich deutschem Recht zu unterwerfen, obwohl im übrigen nach feststehender Judikatur die Haftung von Aussteller und Indossanten dem Recht des Erfüllungsortes, hier also des österreichischen Wohnsitzes, nicht des Erklärungsorts untersteht.[1] Noch einleuchtender klingt diese Lösung im Falle der Falschdatierung: ein deutscher Kaufmann, der in Deutschland einen Wechsel mit dem Datum „Paris" ausstellt, will sich dadurch — so argumentiert man — französischem Recht unterwerfen, und dieser Wille ist maßgebend, obwohl die deutsche Rechtsprechung sonst nur auf seinen deutschen Wohnsitz als Erfüllungsort abstellen würde.

Die Lösung ist verfehlt. Sie versucht, aus diesen Wechselerklärungen mehr herauszulesen, als ihr Wortsinn und — bei der Indifferenz des Kaufmanns gegenüber kollisionsrechtlichen Fragen — in aller Regel auch der dahinterstehende Wille enthält. Die Domizilierung besagt nur: Zahlungsort soll ein anderer als der Wohnort des Bezogenen sein; in der Falschdatierung liegt nicht mehr als der Wille, den angegebenen Ort als Erklärungsort gelten zu lassen. Es kann nun sein, daß der Wille des Erklärenden zugleich darauf geht, sich oder (bei der Domizilierung) den Bezogenen dem Recht des angegebenen Ortes zu unterwerfen. Aber das ist in der Erklärung nicht zum

---

[1] Frankenstein II 433 zu Anm. 74 billigt auch diese Entscheidung, obwohl er selbst zugibt, die bloße Datierung lasse „natürlich noch keinen sicheren Schluß (auf eine kollisionsrechtliche Willenserklärung) zu, weil eine Ortsangabe noch keine Wohnsitzangabe ist", und obwohl er im Fall des Kapitäns erklärt (a. a. O. Anm. 73), die Datierung vom augenblicklichen Ausstellungsort „sei selbstverständlich keine Wohnsitzangabe". Offenbar will er nur die — im Fall des Kammergerichts nicht einmal ausdrücklich festgestellte — Falschdatierung besonders behandeln.

Ausdruck gekommen, und der nicht erklärte Wille ist, wie sonst, auch im Wechselkollisionsrecht unbeachtlich. Es verbleibt also bei der objektiven Kollisionsnorm.

Wie gefährlich es wäre, von diesen Regeln abzugehen, zeigt sich sofort, wenn das Verkehrsschutzprinzip, also das Verhältnis des Erklärenden zu einem dritten unbeteiligten Erwerber des Papiers, herangezogen wird. Hier kommt es, wie schon erwähnt, allein auf die Skriptur an. Erblickt man in der Datierung eine kollisionsrechtliche Willenserklärung, so ist die unabweisliche Folge, daß der Erklärende auch dann, wenn ein solcher Wille fehlt, gutgläubigen Erwerbern gegenüber nach dem Recht des Datumsorts haften würde. Ob dieser Ort richtig angegeben, der Erklärende aber zufällig von seinem Wohnsitz abwesend war, oder ob die Erklärung am Wohnsitz abgegeben, aber falsch datiert war, kann keinen Unterschied machen, da der dritte Erwerber sich stets auf den äußeren Tatbestand, die Ortsangabe in der Skriptur, muß verlassen können. Wo das objektive Recht ohnedies an den Erklärungsort anknüpft, ist dieses Ergebnis unbedenklich, da es bei richtiger Datierung der gesetzlichen Interessenwertung entspricht und dem Erklärenden die Möglichkeit beläßt, durch Falschdatierung auch gegenüber jedem Dritten seinen davon abweichenden Willen zur Geltung zu bringen. Wo dagegen regelmäßig nicht an den Erklärungsort, sondern, wie in Deutschland, an den Erfüllungsort angeknüpft wird — und nur da hätte dieser Versuch der Erweiterung der Parteiautonomie praktische Bedeutung — kann der Erklärende einer der gesetzlichen Interessenwertung widersprechenden Anknüpfung an den vom Erfüllungsort verschiedenen Erklärungsort gegenüber Dritten nur dadurch entgehen, daß er als Datum den Erfüllungsort angibt. Mit anderen Worten: ist die Begründung, die das Kammergericht seiner Entscheidung gibt, richtig, so kann in dem vom Reichsgericht entschiedenen Fall der Kapitän eine — dem deutschen Kollisionsrecht widersprechende — Haftung nach dänischem Recht nur dadurch abwenden, daß er im Widerspruch zu den Tatsachen als Ausstellungsort im Wechsel seinen Heimatort angibt. Eine offenbar unmögliche Zumutung, zumal angesichts des noch herrschenden Streits über die Bedeutung dieser Datierung für Form und Gültigkeit des Wechsels.

4. Zusammenfassend ist zu sagen: die kollisionsrechtliche Wirkung von Wechselerklärungen als formalisierten, typi-

sierten Rechtsgeschäften darf nicht im Einzelfall dem hypothetischen Parteiwillen entnommen, sondern muß auf allgemeingültige, aus der Abwägung der typischen Interessen gewonnene Normen gegründet werden. Soweit diese Normen an Tatbestandsstücke anknüpfen, die, wie der Zahlungsort, der Parteidisposition unterliegen oder doch wenigstens, wie die Angabe des Erklärungsorts in der Skriptur, von den Parteien willkürlich verändert werden können, hat diese gewollte Verschiebung des Tatbestands auch kollisionsrechtliche Wirkungen. Eine selbständige Bestimmung des anzuwendenden Rechts durch die Parteien ist zwar zulässig und inter partes auch dann beachtlich, wenn sie nicht in der Skriptur zum Ausdruck gebracht wird; sie kommt aber praktisch im Wechseltext, also mit Wirkung gegenüber Dritten nie und auch außerhalb der Skriptur nur in Ausnahmefällen vor.

III.

1. Die Bedeutung des Verkehrsschutzprinzips reicht, wie schon erwähnt, weiter. Der Rechtsschein, auf den der Dritte vertrauen darf, schließt nicht nur die Berufung auf besondere Abreden aus, die in der Skriptur nicht enthalten sind, sondern läßt die Skriptur auch dann entscheiden, wenn sie nicht weniger, sondern mehr enthält als der wahren Parteivereinbarung entspricht. Die deutsche Theorie des internationalen Wechselrechts hat, wie sich gezeigt hat, versucht, das Problem der Falschdatierung durch diesen Rechtssatz zu lösen;[1] der in einigen amerikanischen Entscheidungen auftauchende estoppel-Grundsatz[2] gehört in dieselbe Gedankenreihe. Behandelt man dagegen die Falschdatierung als Willenserklärung, so besteht gar keine Diskrepanz zwischen Rechtsschein und Wirklichkeit. Für die genannten Schriftsteller handelt es sich indessen nicht bloß um die Diskrepanz zwischen angegebenem und wirklichem Erklärungsort, sondern vor allem um das Auseinanderfallen von Erklärungs- und Erfüllungs- oder Wohnsitzort. Sie erstrecken die Geltung des Rechtsschein-Prinzips über den Sonderfall der Falschdatierung hinaus auf alle datierten Wechselerklärungen. Das ist insbesondere die Lösung v. Bars:[3] Wo Erklärungs-

[1] S. oben Seite 49 Anm. 1.
[2] S. oben Seite 41.
[3] Theorie u. Praxis II S. 180 ff.

und Erfüllungs- oder Wohnsitzort nicht zusammenfallen, entscheidet das Recht des letzteren; ist die Erklärung aber — sei es richtig, sei es falsch — datiert, so gilt der in der Skriptur angegebene Ort Dritten gegenüber zugleich als Wohnsitz- und Erfüllungsort des Erklärenden; sein Recht entscheidet mithin. In seiner späteren Überarbeitung dieses Abschnittes[1] hat v. Bar diese letzte Folgerung etwas abgeschwächt. Es gilt stets Wohnsitzrecht, aber „der gutgläubige Inhaber wird sich auf das Recht des Orts der Wechselerklärung berufen können, wenn es ihm günstiger ist." Umgekehrt gehen Bettelheim und Felix Meyer von der lex loci actus aus, aber „als Ort der Ausstellung gilt einem gutgläubigen Wechselinhaber gegenüber der in der Wechselerklärung angegebene Ort und mangels einer solchen Angabe der Wohnort des Erklärenden".[2] Bettelheim ist noch vorsichtiger: „Ist der Wechsel nicht datiert, so muß sich der Aussteller gefallen lassen, nach dem Rechte seines Wohnsitzes in Anspruch genommen zu werden, kann sich jedoch auf die Haftungsbefreiungen und Rechte des Ausstellungsortes berufen, wenn er dessen Kenntnis nachweist."[3] Er scheint also dem gutgläubigen Erwerber ein ähnliches Wahlrecht zwischen lex loci actus und lec domicilii einräumen zu wollen wie v. Bar in seiner späteren Äußerung.[4]

Derselbe Gedanke hat vielleicht auch dem Kammergericht vorgeschwebt. Der Indossant muß die Anknüpfung an den Datumsort Thorn gegen sich gelten lassen; „ein abweichender Wille mußte in einer für jeden Nehmer des Wechsels erkennbaren Weise zum Ausdruck kommen". Dieser Nachsatz rechtfertigt die Annahme, daß auch der Vordersatz in Wahrheit nicht auf freiwillige Unterwerfung der Partei, sondern auf den von ihr erzeugten Rechtsschein gestützt wurde. Daher brauchte auch nicht festgestellt zu werden, ob das Datum richtig war oder nicht.

---

[1] Int. Handelsrecht in Ehrenbergs Handbuch Bd. I S. 383, Anm. 12.

[2] So § 110 II des Meyerschen Entwurfs im Weltwechselrecht Bd. II. Vgl. dazu die Begründung S. 373.

[3] Bettelheim S. 159. Dagegen meint er S. 108 f. bei Besprechung der Form des Wechsels, es gehe zu weit, bei mangelnder Datierung das Wohnsitzrecht anzuwenden.

[4] Ähnlich Grünhut II S. 575, 22, wo er das Personalprinzip des Art. 85 Satz 3 der dtsch. WO. auch auf Inhalt und Wirkungen der betreffenden Wechselerklärungen anwenden möchte: „Jeder gutgläubige Erwerber kann aber die — für ihn günstigere — lex loci actus für maßgebend halten."

2. Die angeführten Zitate zeigen wohl zur Genüge, worum es sich bei dieser Verwendung des Rechtsscheinprinzips handelt: Die regelmäßige Kollisionsnorm wird als ungenügend empfunden und soll nicht bloß ausnahmsweise durchbrochen, sondern grundlegend umgestaltet werden, lex domicilii und lex loci actus werden auf eine, im einzelnen verschieden ausgedachte Art miteinander verbunden.

Da wir über den Inhalt der Kollisionsnorm hier noch nicht zu befinden haben, muß auch die Notwendigkeit eines solchen Ausbaus vorerst dahingestellt bleiben. Aber schon hier ist zu sagen, daß das Rechtsscheinprinzip nicht geeignet ist, den Bau zu tragen. Allerdings werden auch diese Vorschläge von Gedanken des Verkehrsschutzes geleitet; der Erwerber, dem über die Person des Erklärenden nichts Näheres bekannt ist, soll sich an das Datum der Erklärung halten dürfen, ohne weiter nachforschen zu müssen. Aber eine Diskrepanz zwischen Rechtsschein und Wirklichkeit, wie in dem Falle der Falschdatierung und wie in all den Fällen, in denen das Rechtsscheinprinzip im materiellen Wechselrecht ein Rolle spielt, besteht hier nicht. Es ist unrichtig, daß die Skriptur den Glauben erwecke, der Erklärende wohne am Datumsort; das Datum besagt nicht mehr, als daß die Erklärung hier abgegeben ist oder als abgegeben gelten soll. Die vorgeschlagenen Rechtssätze enthalten in Wahrheit eine Fiktion zugunsten des gutgläubigen Erwerbers, der Datumsort g i l t als Wohnort, oder umgekehrt nach Felix Meyer: der Wohnort g i l t als Ausstellungsort. Auch in anderen Fällen greift man zu diesem Aushilfsmittel: nach der italienischen Entscheidung des Appellhofs Mailand vom 5. November 1929[1] gilt als Ort der Abgabe der Avalerklärung mangels anderer Angabe in der Skriptur derjenige Ort, an dem der Wechsel ausgestellt wurde. Grünhut nimmt sogar an,[2] daß Indossamente, wenn die Skriptur nichts Abweichendes ergibt, gegenüber gutgläubigen Erwerbern als am Ort der Ausstellung des Wechsels abgegeben gelten.

In den beiden letzten Beispielen wird der Verkehrsschutzgedanke offensichtlich und grundlos übertrieben. Aber auch in den übrigen Fällen ist die Fiktion nicht bloß deshalb bedenklich, weil sie de lege lata durch das Rechtsscheinprinzip des Wechselrechts nicht gedeckt wird. Dem Verpflichtungsstatut

---

[1] Vgl. oben S. 26 f.

[2] G r ü n h u t II 579 Anm. 35.

untersteht, wie sich zeigen wird, nicht bloß die Bemessung der Regreßsumme, sondern auch die Notwendigkeit der Akte zur Erhaltung des Regreßrechts. Das Unabhängigkeitsprinzip, das jeden Wechselschuldner seinem eigenen Recht unterstellt, gestaltet die Vornahme dieser Akte schon schwerfällig genug. Aber diese Beschwerlichkeit wird ins Unerträgliche gesteigert, wenn auch noch jeder Wechselschuldner je nach der Gut- oder Schlechtgläubigkeit seiner Nachmänner verschiedenem Recht untersteht, vollends wenn es diesen Nachmännern freigestellt ist, je nach der Gunst der Lage das eine oder das andere Recht zu wählen, wie die Vertreter dieser Auffassung folgerichtig annehmen. Die daraus entstehende Unsicherheit wird noch erhöht durch den Umstand, daß die Kenntnis des Gläubigers, von der die Beurteilung seines Anspruchs abhängt, oft genug nur durch mühselige und langwierige Beweisverfahren zu klären ist. All das verträgt sich nicht mit dem Bedürfnis des Wechselverkehrs nach Klarheit der Rechtslage und sicherer Vorausbestimmbarkeit der Entscheidung. Eine allzu verwickelte Kollisionsnorm verletzt diese Grundsätze und damit zugleich das Interesse der Wechselparteien selbst. Will man schon die lex domicilii oder lex loci solutionis mit der lex loci actus verbinden, so empfiehlt es sich eher, wie die Florentiner Beschlüsse des Institut de Droit International[1] im Fall der Datierung stets das Recht dieses Ortes, für undatierte Erklärungen dagegen durchweg das Wohnsitzrecht entscheiden zu lassen. Die Lösung ist robuster, aber im Sinn des Wechselrechts auch gesünder als die Vorschläge, die auf die Kenntnis oder Nichtkenntnis des Gläubigers abstellen.

IV.

Der Genfer Entwurf kommt in Artikel 4 dem Bedürfnis nach klaren Kollisionsnormen in erfreulicher Weise entgegen: für Akzeptant und Aussteller eines Eigenwechsels gilt das Recht des Zahlungsorts, für Wechselaussteller und Indossanten „la loi du pays sur le territoire duquel les signatures ont été données". Die Unterscheidung der Anknüpfung je nach der Kenntnis des dritten Erwerbers von den persönlichen Verhältnissen des Schuldners ist also vermieden, auch auf die Kombination von lex domicilii und lex loci actus verzichtet. Schließ-

[1] Annuaire Bd. V 612; Text unten Anhang S. 117. Ähnlich auch Art. 5 des Vorentwurfs des Juristenkomitees (Anhang S. 118).

lich eröffnet die Anknüpfung an den Erklärungsort die Möglichkeit, auch den in der Falschdatierung liegenden Parteiwillen zu berücksichtigen.

Gerade über diese letzte Frage ist indessen bei der Beratung des Entwurfs lange und heftig gestritten worden mit dem Ergebnis, daß jene Möglichkeit ausgeschlossen, vielmehr stets der wirkliche Erklärungsort maßgebend sein sollte. Dies sollte auch in der heutigen Formulierung der Bestimmung zum Ausdruck gebracht werden. Im Hinblick auf die vorangegangene Erörterung lohnt es sich, auf die aufschlußreiche Diskussion etwas näher einzugehen.

Schon bei der Beratung der Bestimmung über die Wechselform[1] war von deutscher Seite der Vorschlag gemacht worden, den im Wechsel angegebenen Erklärungsort entscheiden zu lassen. Drei Gründe wurden dafür angeführt: der Schutz des dritten Erwerbers in seinem Vertrauen auf die Skriptur, die Berücksichtigung der in der Datierung liegenden Willenserklärung des Zeichners und die Erleichterung der Beweisführung im Prozeß. Aber dagegen wurden so starke Bedenken fiskalischer Art erhoben, daß der Antrag abgelehnt wurde. In der Beratung des jetzigen Art. 4[2] wiederholte die deutsche Delegation für die Wirkung der Wechselerklärung ihren Antrag mit derselben Begründung. Sie fand diesmal Unterstützung bei dem Vertreter Polens, aber heftigen Widerstand bei der italienischen Delegation, die auch hier vor der Gefahr einer Gesetzesumgehung zurückschreckte. Sie war es auch, die die Frage in zweiter Lesung, nachdem der deutsche Antrag in erster Lesung durchgedrungen war, von neuem aufrollte.[3] Neben der Hinterziehung des Wechselstempels durch falsche Datierung fürchtete sie die Umgehung der Vorschriften über die Wechselfähigkeit; die Vorstellungen der deutschen Delegation, der sich inzwischen auch die Vertreter Belgiens und der Niederlande angeschlossen hatten, daß die zwingende Geltung dieser Bestimmungen durch ihren Vorschlag gar nicht berührt werde, fruchteten nichts. Auch der deutsche Vermittlungsvorschlag, den wahren Ausstellungsort in Anlehnung an die im Vorentwurf des Juristenkomitees (art. 5) gebrauchte Formel nur gelten zu lassen, „à moins qu'un autre lieu n'ait été indiqué dans le

[1] Sitz.-Prot. d. 24. Sitzung (28. 5.) Comptes Rendus S. 352.
[2] Sitz.-Prot. d. 25. Sitzung (29. 5.) Comptes Rendus S. 356 ff.
[3] Sitz.-Prot. d. 31. Sitzung (4. 6.) Comptes Rendus S. 430 ff.

titre pour l'exécution de l'engagement du signataire", wurde abgelehnt. Es stellte sich heraus, daß über die Frage, ob schon die Datierung eine derartige Angabe des Erfüllungsorts bedeute, keine Einigkeit bestand, andererseits machte der Banksachverständige Italiens mit Recht darauf aufmerksam, daß eine andere Möglichkeit, den Erfüllungsort zu bezeichnen, praktisch nicht gegeben sei. So blieb es bei der heutigen, von der italienischen Delegation vorgeschlagenen Fassung; der Vertreter der Schweiz fügte noch hinzu, schon die für die Richtigkeit der Skriptur sprechende Vermutung genüge zur Befriedigung der von deutscher Seite hervorgehobenen Bedürfnisse.[1]

Für die Auslegung dieser nun in die Konvention aufgenommenen Bestimmung wird man unterscheiden müssen. Im Verhältnis zum Erklärungsgegner sollte wohl auch durch die absolute Fassung des Entwurfes die Parteiautonomie nicht ausgeschaltet werden. Abweichende Vereinbarung bleibt also möglich; wie selten sie vorkommt, braucht nicht nochmals betont zu werden. Auch die Falschdatierung enthält ja, wie wir festgestellt haben, nicht immer zugleich eine Willenserklärung kollisionsrechtlichen Inhalts, und wo eine solche nicht festgestellt ist, bleibt es nunmehr bei der Anknüpfung an den wahren Ausstellungsort. Dieser entscheidet auch gegenüber dritten Erwerbern: bloße Kenntnis abweichender Abreden mit dem Erklärungsgegner macht sie ihm gegenüber noch nicht wirksam. Dagegen scheint es mir undenkbar, daß im Falle der Falschdatierung auch dem gutgläubigen Erwerber gegenüber das Recht des wahren Ausstellungsortes gelten solle. Der Wortlaut der Bestimmung zwingt dazu nicht; die Genfer Beratungen — wenn man sie überhaupt als Auslegungsmittel heranziehen will — haben es nur abgelehnt, die Falschdatierung als Willenserklärung anzuerkennen, ohne die Stellung dritter Erwerber zu berühren. Die Vermutung, von der zuletzt noch die Rede war, erleichtert nur die Stellung des Gläubigers im Prozeß, schützt ihn aber nicht vor einem Gegenbeweis des Schuldners. Es handelt sich hier nicht, wie in den oben unter III behandelten Fällen, um eine Fiktion, sondern um eine echte Diskrepanz zwischen Rechtsschein und Wirklichkeit, bei der, wie überall im Wechselrecht, das Vertrauen auf den Rechtsschein geschützt werden muß. Wollte der Genfer Entwurf auch diesen Fundamentalsatz

[1] Auf diesen Standpunkt stellt sich jetzt auch Quassowski, Rabels Z. 4, 776.

des Wechselrechts durchbrechen, so bedurfte es dazu einer ausdrücklichen Bestimmung. Da sie fehlt, bleibt also gegenüber gutgläubigen Erwerbern der Datumsort maßgebend.

§ 4. Das Unabhängigkeitsprinzip.

I.

Ein weiterer leitender Grundsatz des Wechselkollisionsrechts ist die Unabhängigkeit der einzelnen Wechselverpflichtungen voneinander. Er entspricht heute einer gemeinsamen, in der Rechtsprechung allenthalben zum Ausdruck gelangten Rechtsüberzeugung.[1] Wie groß freilich die Versuchung ist, durch die Anknüpfung an ein gemeinsames Merkmal, meist den Zahlungsort des Bezogenen, allen Schwierigkeiten zu entgehen, die sonst die Vielfältigkeit der anzuwendenden Rechte mit sich bringt, zeigen die berichteten Schwankungen in der englischen und amerikanischen Praxis. Auch die Doktrin hat gerade in Amerika dieser Versuchung nicht immer widerstanden. So meint Daniel,[2] die Unabhängigkeitslehre beruhe „rather upon the sanction of decisions than upon clear and well defined principles"; sie sei „now perhaps too well settled to be disturbed", aber „it does not bear the test of searching analysis." Minor[3] beklagt gleichfalls die dadurch verursachte Zersplitterung, die dahin führe, „to destroy or impair the negotiability of such instruments", und insbesondere den Inhaber des Wechsels bei Protest und Notifikation in eine recht unbequeme Lage versetze. Selbst das Juristenkomitee des Völkerbunds hat mit diesem Gedanken geliebäugelt: „La meilleure solution en cette matière" — so heißt es in dem einleitenden Bericht[4] — „paraîtrait consister dans l'application aux effets des obligations résultant d'une lettre de change . . . . d'une loi unique qui serait celle de l'État où l'effet est payable." Indessen hat sich schon die Mehrheit dieses Komitees davon überzeugt, daß es nicht möglich sei, den Gedanken völlig durchzuführen. Die Genfer Konferenz ist nicht mehr darauf zurückgekommen; in den Beratungen wurde im Gegenteil auch die kollisionsrechtliche Selbständigkeit von Aval- und Interventionshaftung als eine

[1] S. die Literatur bei Lorenzen S. 124.
[2] Daniel I § 901.
[3] Conflict of laws, 1901 S. 396.
[4] Doc. prép. S. 8.

Konsequenz der Unabhängigkeitslehre gefordert und durchgesetzt.[1] Der jetzige art. 4 bestimmt jeder Verpflichtung ihren eigenen Anknüpfungspunkt.

Die einmütige Haltung der Praxis zeigt, daß jene Versuchung mehr einem theoretischen Streben nach Harmonie und Einfachheit der Lösungen als einem praktischen Bedürfnis entspringt. Was vom dogmatischen Standpunkt aus gegen sie spricht, ist in den Entscheidungen unzählige Male klargemacht: Aussteller und Indossanten sind nicht Bürgen, sondern selbständige Garanten der Hauptleistung des Bezogenen. Ihre Haftung entsteht unabhängig von einer Verpflichtung des Akzeptanten, oft genug vor ihr, und geht nicht auf Leistung der Wechselsumme am Zahlungsort des Bezogenen, sondern — unter selbständigen Voraussetzungen — auf Zahlung des Regreßbetrages an ihrem eigenen Wohnort. Zum selben Ergebnis führt die Betrachtung der Interessenlage. Der Kaufmann, der einen Wechsel in Zahlung nimmt, die Bank, die Warenwechsel ihres Kunden diskontiert, werden erheblichen Wert darauf legen, wenigstens den Rückgriff gegen diesen Vormann nach Möglichkeit den Unsicherheiten des Rechts eines ausländischen Zahlungsorts zu entziehen. Der Wechsel ist in erster Linie Kreditinstrument, nicht Zahlungsmittel; die wirtschaftliche Bedeutung der Haftung der Wechselgaranten steht hinter der des Akzeptanten, sofern überhaupt ein Akzept gegeben ist, nicht zurück. Dem muß auch der Gesetzgeber Rechnung tragen.[2]

II.

Die Unabhängigkeit findet eine natürliche Grenze in der Zweckgemeinschaft, zu der die verschiedenen Rechtsverhältnisse im Wechsel vereinigt sind. Diese Gemeinschaft beruht auf dem Grundwechsel, der Weisung des Ausstellers an den Bezogenen, Zahlung zu leisten, oder — beim Eigenwechsel — dem Versprechen des Ausstellers, selbst zu zahlen. Die Bestimmungen

---

[1] Sitz.-Prot. d. 25. Sitzung (29. 5.), Comptes Rendus S. 361 ff. Gegen den Unabhängigkeitsgrundsatz wandte sich der Vertreter Polens a. a. O. S. 358.

[2] Ob für das Scheckrecht anderes gilt, wie neuerdings mit gewichtigen Gründen von Neumeyer auf der Lausanner Tagung des Institut de Droit Intern. (Annuaire 1927, S. 269 ff.) und ihm folgend von Weiß, Das internationale Scheckrecht, 1929, gelehrt wird, kann hier auf sich beruhen.

dieses Grundwechsels über die Höhe der Wechselsumme, die Fälligkeit und den Zahlungsort gelten nicht bloß im Verhältnis zum Bezogenen, sondern bilden zugleich den „relativen Inhalt"[1] der Regreßverpflichtungen von Aussteller und Indossanten. Einschränkungen und Erweiterungen einzelner Wechselverpflichtungen sind dadurch nicht ausgeschlossen, aber sie gelten nur für den Verpflichteten selbst, nach dessen Recht ihre Zulässigkeit und Wirkung zu beurteilen ist, und berühren den „relativen Inhalt" der übrigen Wechselverpflichtungen nicht.

1. Beim Eigenwechsel bildet diese Abhängigkeit kein kollisionsrechtliches Problem; es liegt auf der Hand, daß das Recht, das die Verpflichtung des Ausstellers beherrscht, damit zugleich den „relativen Inhalt" der übrigen Wechselverpflichtungen bestimmt. Bei der Tratte dagegen kann das Recht der Hauptverpflichtung deshalb nicht entscheiden, weil der Inhalt des Grundwechsels ohne Rücksicht darauf feststehen muß, ob der Wechsel akzeptiert wird oder nicht. Der nächstliegende Ausweg ist der, das materielle Wechselrecht darüber zu befragen, was für ein Rechtsgebilde der Grundwechsel ist. So argumentiert das Reichsgericht in der S. 20 Anm. 2 erwähnten Entscheidung vom 11. 12. 1895, die Tratte enthalte einen Zahlungsauftrag für den Bezogenen, der dem Rechte des Zahlungsorts unterstellt sei. Umgekehrt betrachtet Pillet[2] das Versprechen des Ausstellers, für die Einlösung des Wechsels durch den Bezogenen einzustehen, als das wesentliche Element des Grundwechsels, aus dem allen späteren Nehmern des Wechsels ein droit acquis erwachse, und leitet daraus die Maßgeblichkeit der lex loci emissionis für fast alle Rechtsbeziehungen des Wechsels ab. Die geläufige Meinung lautet in beiden Ländern anders. In Frankreich gilt der Grundwechsel überwiegend als Mandat des Ausstellers an den Bezogenen;[3] die deutsche Theorie arbeitet mit der Vorstellung der Anweisung, die sie als Doppelermächtigung konstruiert. Schon diese Verschiedenheit

---

[1] Der Ausdruck stammt von Salpius ZHR 19, 9 ff., 19 ff.; er wurde auch vom Reichsgericht übernommen in der Entsch. v. 11. 12. 1895 (RGZ 36, 126, s. oben S. 20 Anm. 2), die diese Abhängigkeit sehr klar darstellt. In der Literatur vgl. Diena III n. 221, 228, bes. S. 89 f., 125.

[2] II n. 763 ff. Kurz zuvor bezeichnet er den Wechsel gelegentlich der Behandlung der provision gleichfalls als Zahlungsauftrag des Ausstellers an den Bezogenen.

[3] Anders die Delegationslehre von Thaller et Percerou, Traité élem. de dr. comm., 7. Aufl. 1925, n. 1328.

läßt es bedenklich erscheinen, die Kollisionsnorm, die eine Mehrheit von Landesrechten überbrücken soll, aus der Konstruktion eines dieser Rechte herzuleiten. Das Problem wäre damit auch nur verschoben, da keineswegs feststeht, wie Auftrag oder Anweisung kollisionsrechtlich zu behandeln sind. Schließlich haben alle diese Theorien nur den Zweck, die Wirkung der Begebung und Einlösung des Wechsels auf das Deckungs- und Valutaverhältnis zu erklären. Diese außerhalb des Wechsels stehenden Rechtsverhältnisse interessieren hier nicht. Zur Erörterung steht nur die Bedeutung des Grundwechsels innerhalb des Wechselverbands.

Der Grundwechsel ist eine an den Bezogenen gerichtete Willenserklärung des Ausstellers. Sie verleiht dem Papier die Wechseleigenschaft, insbesondere also die Umlaufsfähigkeit. Welches Recht die Voraussetzungen dafür zu bestimmen hat, ist später zu untersuchen. In Zusammenhang damit steht die Haftung des Ausstellers für die Einlösung. Aber sie ist nicht, wie beim Eigenwechsel, rechtsgeschäftlicher Inhalt, sondern gesetzliche Folge der Erklärung. Daher ist Pillets Versuch, diese Haftung zum Ausgangspunkt der kollisionsrechtlichen Betrachtung zu wählen, angreifbar; sie ist rechtlich und wirtschaftlich ein Akzessorium der Wechselausstellung. In unserm Zusammenhang kommt es dagegen auf den Inhalt der Erklärung des Ausstellers an. In aller Regel wird er sich aus dem Wortlaut eindeutig ergeben. Bestehen jedoch Zweifel und Lücken, so hat das Kollisionsrecht zu bestimmen, nach welchem Recht die Erklärung auszulegen und zu ergänzen ist. Diese Kollisionsnorm zu finden, ist unsere Aufgabe.

2. Die Lösung ergibt sich zu einem Teil zwangsläufig aus dem für das Wechselrecht charakteristischen Zusammenhang von Form und Inhalt der Wechselakte.[1] Der Inhalt des Grundwechsels ist von den einzelnen Rechten in verschiedenem Ausmaß vorgeschrieben durch die Bestimmung der „wesentlichen Erfordernisse“ eines Wechsels. Lücken dieses **notwendigen Inhalts** machen den Wechsel als solchen ungültig, nur in gewissen Fällen werden sie durch das Gesetz ausgefüllt. Fehlt etwa die Angabe der Fälligkeit, so ist der Wechsel nach deutschem Recht (Art. 1 Ziff. 4 WO) nicht wirksam ausgestellt. Anders nach englischem Recht (sec. 10 Abs. 1 b BEA) und nach dem Genfer

[1] Vgl. dazu bes. Frankenstein II 422, 434 f. mit freilich sehr undurchsichtiger Systematik.

Einheitsentwurf für das materielle Wechselrecht (art. 2 Abs. 2): hier wird die Erklärung dahin ergänzt, daß der Wechsel bei Sicht zahlbar sein soll. Was zum notwendigen Inhalt des Wechsels gehört, bestimmt das Formstatut, das im Wechselrecht sowohl über die formellen wie über die materiellen Gültigkeitsvoraussetzungen entscheidet.[1] Das hiernach maßgebende Recht — grundsätzlich überall die lex loci actus, von der verschiedene Ausnahmen zugelassen werden[2] — hat jedoch nicht bloß zu bestimmen, ob das Papier ungültig oder trotz einer Lücke in dem von ihm geforderten notwendigen Inhalt gültig ist, sondern ihm muß auch die Regel entnommen werden, wie diese Lücke ausgefüllt werden soll. Stellt ein Deutscher in England einen Wechsel aus, ohne den Verfalltag anzugeben, so hat das englische Recht nicht nur die Gültigkeit, sondern auch den Verfalltag zu bestimmen; andernfalls ergäbe sich der unlösliche Konflikt, daß der Inhalt des nach der lex loci actus gültigen Wechsels etwa nach deutschem Recht zu ergänzen wäre, das eine Ergänzungsnorm für diesen Fall gar nicht kennt. Das gleiche gilt für die Frage, was Rechtens ist, wenn die Wechselsumme in Ziffern und Buchstaben verschieden hoch angegeben ist; das für die Form der Ausstellung geltende Recht entscheidet sowohl, ob der Wechsel gleichwohl gültig, als auch, welche Zahl nun maßgebend ist. Ebenso ist das Fehlen des Zahlungsorts im Grundwechsel zu behandeln.

Andererseits hat die Auslegung und Ergänzung des „freien" Inhalts des Grundwechsels, der über die vom Formstatut bestimmten notwendigen Voraussetzungen hinausgeht, nichts mit Form und Gültigkeit des Wechsels zu tun.[3] Auch die Auslegung der zum „notwendigen" Inhalt gehörenden Angaben des Grundwechsels ist dem Formstatut dann nicht zu entneh-

---

[1] Über die Unmöglichkeit einer Trennung dieser beiden Kategorien vgl. Lorenzen S. 99 f. und die dort Zitierten.

[2] S. Art. 85 dtsch. WO, sec. 72 Abs. 1 engl. BEA, art. 3 des Genfer Entwurfs. Übersicht bei Lorenzen S. 86 ff.

[3] Anders Frankenstein II 425, der Art. 85 der dtsch. WO. schlechthin auch auf den Inhalt der Wechselerklärung anwenden will. Aber der „strenge Formalcharakter des deutschen Wechsels", der einen freien Erklärungsinhalt nicht kennt, darf für die Auslegung der deutschen Kollisionsnorm nicht allein maßgebend sein (vgl. Rabel, Rabels Z. 3, 755 f.). Eine andere Frage ist es, ob es nicht höchst wünschenswert wäre, Form und Inhalt demselben Recht zu unterstellen, als Ausstellerrecht also gleichfalls die lex loci actus zu bestimmen. Über und für diese Lösung s. unten S. 85 f., 88 f.

men, wenn die Angaben den Bestimmungen dieses Statuts entsprechen, ihre Bedeutung aber gleichwohl zweifelhaft ist. Ist etwa die Wechselsumme in „francs“ bezeichnet, so ist es nicht Sache des Formstatuts, zu entscheiden, ob schweizerische oder französische Währung gemeint ist. Vielmehr wird für alle diese Fragen das Recht dessen, der die streitige Erklärung abgegeben hat, also das des Ausstellers, heranzuziehen sein,[1] und zwar wie gegenüber Frankenstein a. a. O. hervorzuheben ist, gegenüber gutgläubigen Dritten auch dann, wenn der Aussteller den vom Akzeptanten oder einem Dritten ausgefüllten Wechsel nur unterschrieben hat, da damit zum mindesten der Rechtsschein erweckt ist, als sei der Text von ihm verfaßt.[2]

3. Für die wichtigsten Fälle gesetzlicher Auslegung und Ergänzung, die Bestimmungen über Fälligkeit und Zahlungsfrist, liegt der Schwerpunkt der Erklärung freilich nicht beim Aussteller, sondern beim Zahlungsort.[3] Zunächst wird aus einleuchtenden praktischen Gründen allenthalben in Rechtsprechung und Gesetzgebung das Recht dieses Ortes für die Bestimmung der „Zahlungsmodalitäten“ angewandt, so für die Frage, zu welcher Tageszeit Zahlung verlangt werden kann, ob, wenn der Zahlungstag auf einen Sonn- oder Feiertag fällt, am vorhergehenden oder am darauffolgenden Tage zu zahlen ist, insbesondere auch, ob und wieviele Respekttage dem Bezogenen zugestanden werden. Schon hier ist die gebräuchliche Unterscheidung zwischen Zahlungstermin und Fälligkeit, condizione modale und condizione sostanziale,[4] schwer zu ziehen.[5] Keinesfalls gehört es aber zu den bloßen Modalitäten, wenn der genaue Fälligkeitstag beim Meß- und Marktwechsel bestimmt werden soll,[6] oder wenn zu entscheiden ist, ob beim Datowechsel

---

[1] So v. Bar, Theorie u. Praxis II 165, Diena III n. 221, Frankenstein (de lege ferenda) II 423.

[2] „Recht des Ausstellers, des Akzeptanten, des Indossanten“ bedeutet im folgenden nicht etwa im Sinne Frankensteins das a priori geltende Heimatrecht, sondern das Recht, das auf seine Verpflichtung Anwendung finden soll. Der Inhalt der dafür maßgebenden Kollisionsnorm kann zunächst offenbleiben; er wird in § 5 näher bestimmt.

[3] Vgl. zum folgenden Lorenzen S. 142 ff., Diena III n. 233.

[4] Ottolenghi n. 104 ff.

[5] So sieht eine deutsche Entscheidung (OLG Hamburg 17. 2. 1925, oben S. 20 Anm. 3) in den englischen days of grace eine Hinausschiebung der Fälligkeit.

[6] Art. 35 dtsch. WO. läßt dafür das Recht des Zahlungsorts entscheiden. Die Frage ist heute, ebenso wie die in Art. 34 WO behandelte

die angegebene Monatszahl genau oder zu je 30 Tagen berechnet werden soll. Die deutsche Rechtsprechung hat auch diesen zweiten Fall nach dem Recht des Zahlungsorts beurteilt,[1] ebenso ein amerikanisches Urteil[2] die Frage, ob die Fälligkeit beim Nachsichtwechsel durch ein im Wechsel nicht angegebenes Ereignis (Dampfers Ankunft bei einer Dokumententratte) verkürzt wird. Berühmt sind schließlich die Schwierigkeiten, die die Scheidung von Fälligkeit und Zahlungszeit der Rechtsprechung aller Länder in der Frage der Kriegsmoratorien bereitet hat: die deutsche[3] und die englische Rechtsprechung[4] haben darin eine echte Hinausschiebung der Fälligkeit gesehen, die von dieser den übrigen Wechselbeteiligten gegenüber für wirksam, von jener für unwirksam erklärt wurde, während die österreichische und italienische Rechtsprechung die Moratorien nur als Verschiebung des Zahlungstags behandelten und daher gleichfalls die Wirksamkeit gegenüber allen Beteiligten bejahten.[5] Auf diese über das Wechselrecht hinausführende Spezialfrage ist hier nicht einzugehen. Immerhin zeigt auch sie deutlich, wie unglücklich jene Unterscheidung ist.

Daher ist es nur zu begrüßen, wenn in all den bisher angeführten Entscheidungen der verschiedenen Länder ohne Rücksicht auf theoretische Distinktionen die nähere Bestimmung der Fälligkeit schlechthin dem Recht des Zahlungsorts zugewiesen wird.[6] Auch der englische BEA hat, gestützt auf Rouquette v. Overmann, in sec. 72 Abs. 5 diese Regel übernommen.[7] Ihre

---

der Fälligkeit bei Kalenderverschiedenheit, für den Handelsverkehr ohne praktische Bedeutung und im Genfer Entwurf nicht mehr geregelt.

[1] OLG Hamburg 28. 5. 1895, RG 11. 12. 1895 (oben S. 20 zu Anm. 4).

[2] Hammond Snyder & Co. v. American Express Co. (1908 Md.) 68 Atl. 496. Die Entscheidung bezeichnet das Recht des engl. Zahlungsorts, offensichtlich aus Versehen, als lex fori.

[3] ROHG 21. 2. 1871 u. 9. 2. 1872 (oben S. 18 Anm. 2).

[4] Rouquette v. Overmann und Re Francke & Rasch (oben S. 30 Anm. 3 u. S. 31 Anm. 1).

[5] Vgl. d. Übersicht bei Lorenzen S. 158 ff. u. zur Moratoriumsfrage im ganzen Ramel, Le moratorium de la lettre de change, Uppsala 1925.

[6] Die Entscheidungen sprechen fast durchweg von der Fälligkeit der Akzeptverpflichtung. Aber die theoretische Erkenntnis, daß es sich in Wahrheit um den gemeinsamen Inhalt des Grundwechsels handelt, kann das Ergebnis nicht in Frage stellen.

[7] S. dazu Chalmers S. 287, Byles S. 311, Dicey S. 566, Westlake § 230.

Rechtfertigung beruht nicht, wie Diena[1] meint, auf der Vermutung, daß der Aussteller für diese Fragen dem Recht des Zahlungsorts einen gewissen Spielraum habe lassen wollen — denn meist wird er selbst seine Fälligkeitsangabe für eindeutig bestimmt halten —, sondern auf der Unmöglichkeit einer sicheren Scheidung zwischen Fälligkeit und Zahlungstag und dem schutzwürdigen Interesse des Wechselinhabers, in der für die Erhaltung seines Regresses so besonders wichtigen Frage der rechtzeitigen Vorlegung eine klare und einheitliche Kollisionsnorm zur Seite zu haben. Es steht auch nichts im Weg, diesen in der Rechtsprechung allenthalben ausgebildeten Grundsatz auf das Recht des Genfer Entwurfes zu übertragen.

III.

Man hat versucht, die kollisionsrechtliche Unabhängigkeit der Wechselverpflichtungen noch stärker einzuschränken, als es die gemeinsame Beziehung auf den Inhalt des Grundwechsels mit sich bringt, um dadurch die Unzuträglichkeiten jenes Prinzips nach Möglichkeit aufzuheben. Die verschiedene Haftungsgrundlage der Wechselbeteiligten hat Störungen im Regreßzuge zur Folge; es ist denkbar, daß einer der Indossanten nach seinem Recht zur Einlösung des Wechsels verpflichtet ist, aber von seinen Vormännern keinen oder doch nicht vollen Ersatz mehr fordern kann. Daher rühren die Vorschläge, Umfang oder Voraussetzungen der Regreßhaftung wenigstens teilweise einer einheitlichen Kollisionsnorm zu unterstellen. Sie sind im einzelnen zu untersuchen. Gemeinsam spricht gegen sie alle, daß sie vom dogmatischen Standpunkt aus systemwidrig sind und letzten Endes nicht die Überbrückung der materiellrechtlichen Verschiedenheiten, sondern teilweise materielle Rechtsgleichheit mit Mitteln des Kollisionsrechts zum Ziele haben. Sie sind also nur dann haltbar, wenn sie praktisch eine wirkliche Verbesserung und Vereinfachung herbeiführen.

1. Am weitesten geht der Brüsseler Entwurf des Institut de Droit International, der in art. II[2] bestimmt, daß „les effets des actes postérieurs à la création du titre ne peuvent jamais être plus étendus que ceux qui dérivent de l'émission du titre lui-même". Der Vorschlag ist nirgends Gesetz geworden, hat aber gelegentlich wenigstens de lege ferenda Beifall gefunden.[2]

[1] III n. 233 S. 146.

[2] Lyon-Caen IV S. 598 Anm. 1, Bettelheim S. 170. Dagegen vor allem Diena III n. 221, Ottolenghi n. 57.

Da er die Ungleichheit der Haftung unter den Indossanten nicht hindert, insbesondere nicht ausschließt, daß diese Haftung hinter der des Ausstellers zurückbleibt, bedeutet er in Wahrheit nur eine besondere Sicherung des Regresses gegen diesen, zu der kein Anlaß besteht, da keine auch nur leise Vermutung dafür spricht, daß regelmäßig der Kredit des Ausstellers dem Wechsel seinen Wert verleiht. Andererseits hemmt der Vorschlag empfindlich die Durchsetzung derjenigen Interessen, auf deren Schutzwürdigkeit wir die Unabhängigkeitslehre gebaut hatten; die Bank, die Warenwechsel ihres Kunden diskontiert, wird nun doch in ihrem Rechtsverhältnis zu dem Kunden durch Bestimmungen beschränkt, die dem Recht des ihr unbekannten Ausstellers entstammen. Die Vorschrift bleibt also ein unbefriedigendes Kompromiß, auf das sich der Genfer Entwurf mit Recht nicht eingelassen hat.

2. Eine ähnliche Beschränkung schlägt der Brüsseler Entwurf für die Regreßfristen vor. Sie bestimmen sich gemäß art. VII nach der „loi du pays où a été fait l'acte d'où résulte l'action exercée", aber mit dem Vorbehalt: „toutefois, à l'égard des endosseurs et des autres garants, ces délais ne peuvent jamais dépasser celui qui est établi pour l'exercice de l'action en recours contre le tireur." Grundsätzlich gilt also verschiedenes Recht, und wiederum sollen verkürzte Regreßfristen gegenüber einzelnen Indossanten nicht ausgeschlossen, nur der Rückgriff gegen den Aussteller besonders gesichert sein. Dieser Vorschlag ist de lege ferenda vereinzelt befürwortet,[1] überwiegend aber abgelehnt worden;[2] die herrschende Lehre hält auch für diese Frage am Unabhängigkeitsgrundsatz fest.[3] Die Bedenken, die gegen den Vorschlag sprechen, sind die gleichen wie in der eben behandelten Frage; auch hier handelt es sich um ein ins materielle Recht eingreifendes Kompromiß, das gegenüber dem Unabhängigkeitsprinzip keine so wesentliche Verbesserung bedeutet, daß es das Opfer lohnt. v. Bar a. a. O. nennt es eine „halbe und in der Inkonsequenz wiederum inkonsequente Maßregel"; er möchte dem Indossanten die Berufung darauf, daß ihm der Regreß gegen den Aussteller durch Frist-

[1] Weiß IV S. 468.

[2] Vgl. bes. v. Bar, Theorie u. Praxis II S. 172, Ottolenghi S. 499 ff.

[3] Diena III n. 242, Ottolenghi n. 201 ff., Bettelheim S. 202 ff.; Surville n. 500. S. auch Lorenzen S. 164 ff., der kumulativ auch die jeweilige lex fori anwenden möchte.

ablauf verloren gegangen sei, gegenüber der Klage des Wechselinhabers nur dann gestatten, wenn diesen Inhaber daran ein Verschulden trifft.[1] Diese Lösung ist befriedigender und in der Tat geeignet, die Härten des Unabhängigkeitsprinzips zu mildern, doch gehört sie nicht mehr dem Kollisionsrecht, überhaupt nicht dem Wechselrecht, sondern dem gemeinen Zivilrecht an. Über ihre Zulässigkeit ist daher hier nicht zu entscheiden.

Überraschenderweise hat der Genfer Entwurf eine noch viel radikalere Bestimmung aufgenommen. Art. 5 unterstellt die Regreßfristen einheitlich dem Recht des Ausstellungsorts. Die Norm beruht auf einem Vorschlag der italienischen Delegation,[2] die zugab, dafür keine theoretische Begründung,[3] sondern nur die praktische Notwendigkeit einer einheitlichen Regelung dieser Fristen ins Feld führen zu können.[4]

Die Beurteilung erfordert zunächst Klarheit darüber, was unter den „délais de l'exercice de l'action en recours" zu verstehen ist. Die einzelnen Rechte gehen nicht bloß in der Bemessung, sondern auch in der rechtlichen Qualifizierung solcher Fristen stark auseinander. Die angelsächsischen Wechselrechte kennen überhaupt keine besondere Regreß-, sondern nur die allgemeine, 6jährige Verjährungsfrist, die sie, wie bereits erwähnt, als prozeßrechtliches Institut betrachten. Die deutsche Wechselordnung hat in Art. 78, 79 die Regreßfristen je nach der Entfernung vom Schuldner verschieden geregelt; nach herrschender Lehre handelt es sich um eine echte Verjährung, die als solche bisher, wie gezeigt, von der Rechtsprechung dem Recht der einzelnen Verpflichtung unterstellt wurde. Frankreich (c. comm. art. 166) und Italien (cod. comm. art. 320/1) dagegen kennen neben der Anspruchsverjährung noch besondere, gleichfalls nach der Entfernung abgestufte, aber als Ausschlußfristen behandelte, kurze Regreßfristen. Die Genfer einheitliche Wechselordnung folgt in Art. 70 dem deutschen System, macht aber

[1] Ebenso — ohne Beschränkung auf den Fall der Fristversäumnis — Surville n. 499.

[2] Sitzg.-Prot. d. 25. Sitzung (29. 5.) Comptes Rendus S. 356, 361 ff.

[3] In der Theorie ist diese Lösung bisher nur von Pillet (n. 766 b) vertreten worden, aber aus Erwägungen, denen der Genfer Entwurf sicherlich fernsteht (vgl. oben S. 60).

[4] Ebenso der Bericht des Redaktionskomitees n. 198 (Comptes Rendus S. 156): „... pour des raisons non pas d'ordre théorique mais d'ordre essentiellement pratique"

durch eine allgemeine Verlängerung der Frist die komplizierte Abstufung nach der Entfernung vom Regreßort entbehrlich. Danach kann zweifelhaft sein, ob der Genfer Entwurf unter den „délais" — der englische Text sagt „limits of time" — nur die Regreß-(Präklusiv)fristen im technischen Sinn des französischen und italienischen Rechts oder auch die Verjährungsfristen verstanden wissen will. In den Genfer Beratungen wurde die Frage nur gestreift,[1] aber nicht geklärt, da eine Diskussion über diese Bestimmung überhaupt kaum stattfand. Der Bericht des Redaktionskomitees[2] hilft gleichfalls nicht weiter; er wiederholt nur mehrfach den streitigen Ausdruck, ohne ihn zu erläutern. Er setzt hinzu, die Vorschrift sei zwischen Vertragsstaaten, in denen die einheitliche Wechselordnung gelte, bedeutungslos, sofern diese Staaten nicht in Bezug auf die Bestimmungen über jene délais Vorbehalte gemacht hätten. Indessen trifft diese Bemerkung für alle kollisionsrechtlichen Bestimmungen des Genfer Entwurfs zu, für deren Bewertung man daher besser von der Annahme des Fortbestands der bisherigen materiellrechtlichen Verschiedenheiten und von der Annahme der Geltung dieser Kollisionsnormen auch gegenüber Nicht-Vertragsstaaten ausgeht.[3] Vorbehalte kennt die Konvention über die einheitliche Wechselordnung weder für Präklusiv- noch für Verjährungsfristen. Die Bemerkung des Berichts ist also eher irreführend.

Für die erste engere Auslegung,[4] also die Anwendung der Norm nur auf Präklusivfristen, spricht ihr Wortlaut. Das französische Wechselrecht kennt „délais" nur in diesem Sinn (art. 165 ff. c. com.) und bezeichnet die Verjährung nicht als eine Frist für die Klageerhebung, ebensowenig die übrigen kontinentalen Rechte. Doch darf die sprachliche Ableitung aus einem bestimmten Recht für die Auslegung internationaler Verträge nicht entscheidend sein. Die Genfer einheitliche Wechselordnung behandelt den bereits erwähnten Art. 70 unter der

---

[1] Sitz.-Prot. d. 25. Sitzung (29. 5.) Comptes Rendus S. 362. Die Erklärung des italienischen Delegierten Weiller spricht aber eher für die weitere Auslegung.

[2] n. 198, 199; Comptes Rendus S. 156.

[3] Vgl. oben S. 10 Anm. 5.

[4] Sie wird von Quassowski, Rabels Z. 4, 790 und Ullmann, Bankarch. XXIX, 431, die der deutschen Abordnung angehörten, vertreten. Hirsch, Blätter f. Int. Pr. 1930, 271, gibt keine Auslegung.

Kapitelüberschrift „De la prescription", englisch „limitation of actions". Das bedeutet unzweifelhaft Verjährung. Aber damit ist noch nicht gesagt, daß die Wahl eines andern Ausdrucks in der Kollisionsnorm auch zu einer anderen Auslegung führen muß; es wäre sogar höchst auffällig, wenn der Genfer Entwurf im selben Augenblick eine Kollisionsnorm für die Ausschlußfristen aufgenommen hätte, in dem die einheitliche Wechselordnung sie durch Verjährungsfristen ersetzt hat. Überdies gesteht der Bericht des Redaktionskomitees,[1] daß man mit Rücksicht auf die Schwierigkeiten, die Unterbrechung und Hemmung der Frist im Kollisionsrecht bereiten, geschwankt habe, ob man nicht statt „délais de prescription" in art. 70 „délais de déchéance", also Ausschlußfristen setzen solle, daß man es aber bei der Verjährung belassen habe, „les différences entre la prescription et la déchéance n'étant pas les mêmes dans les diverses législations". Man hat also selbst nicht geglaubt, beide Begriffe scharf trennen zu können.

Das führt zu dem entscheidenden Einwand gegen die engere Auslegung: ob der Regreß durch eine Ausschluß- oder eine Verjährungsfrist begrenzt wird, ist nur eine Frage der Konstruktion, die hier wie überall im Internationalen Privatrecht nicht den Ausschlag geben darf. Der innere Zweck aller dieser Fristen ist der gleiche. Das Beispiel des deutschen Rechts, wo man die Fristen der Art. 78, 79 WO ursprünglich überwiegend als Ausschlußfristen angesehen hat, dagegen heute allgemein als Verjährungsfristen behandelt, zeigt diese Verwandtschaft deutlich genug. Geht man von der heutigen deutschen Auffassung aus, so müßten bei enger Auslegung der Kollisionsnorm für den Regreß gegen den deutschen Indossanten eines in Frankreich ausgestellten Wechsels sowohl die französischen wie die gleichfalls stark abgekürzten deutschen Fristen Anwendung finden. Umgekehrt könnte bei einem in Deutschland ausgestellten Wechsel gegenüber dem französischen Indossanten eine Ausschlußfrist mangels einer Vorschrift im deutschen Recht nicht bestimmt, dieser Indossant also im Widerspruch zum internen Wechselrecht sowohl Deutschlands wie Frankreichs noch bis zum Ablauf der fünfjährigen Verjährungsfrist des art. 189 c. com. in Anspruch genommen werden. Beide Ergebnisse sind gleich unsinnig. Die zeitliche Begrenzung des Regresses bildet eben in jedem Lande ein in sich geschlossenes

[1] n. 145; Comptes Rendus S. 148.

Normensystem, aus dem nicht einzelne Teile wahllos herausgebrochen und in ein fremdes System übernommen werden können. Will man eine einheitliche Kollisionsnorm, so kann sie nur das ganze System umfassen.

Art. 5 des Genfer Entwurfes ist also dahin auszulegen, daß sowohl Ausschluß- wie Verjährungsfristen für die Geltendmachung des Regreßanspruchs einheitlich dem Recht des Ausstellungsorts zu entnehmen sind. Dabei gerät man freilich mitten in den Wirrwarr, der die Behandlung der Verjährungsfrage im Kollisionsrecht bis heute kennzeichnet.[1] Wo man die Verjährung aus prozessualen Gedankengängen heraus oder mit Rücksicht auf den ordre public der lex fori unterstellt, wird sich diese Bestimmung des Genfer Entwurfs schwer durchsetzen. Sie bedeutet in Wahrheit in Übereinstimmung mit der ständigen deutschen Rechtsprechung die Anerkennung der materiellrechtlichen Natur der Verjährung, zugleich durch die Bestätigung der Gleichwertigkeit der verschiedenen Regreßfristsysteme ein deutliches Verbot der Einmischung des ordre public. Auch der Umstand, daß die Regreßfrist am Ausstellungsort selbst prozeßrechtlich qualifiziert wird, darf — wiederum im Einklang mit der deutschen Judikatur — ihre Anwendung vor andern Gerichten gegenüber andern Regreßschuldnern nicht hindern.

Auch abgesehen von diesen Schwierigkeiten, denen die Norm in der praktischen Anwendung begegnen wird, erheben sich gegen ihre Zweckmäßigkeit erhebliche Bedenken. Ein Bedürfnis nach Vereinheitlichung besteht für die mehrjährigen, von einem festen Termin an laufenden Fristen, wie sie die anglo-amerikanischen und — neben den kurzen Ausschlußfristen — die romanischen Rechte kennen, offenbar nicht, für die kurzen Fristen nur in dem nicht allzu häufigen Fall, daß der Wechselinhaber nur gegen einen Vormann geklagt hat und gegen diesen abgewiesen oder durch Vollstreckung nicht befriedigt worden ist, inzwischen aber den Regreß gegen andere Vormänner verloren hat. Jedoch kann auch eine einheitliche Bestimmung der Regreßfristen diese Gefahr nicht ganz beseitigen. Im Regelfall dagegen, wenn der Inhaber von seinem Vormann befriedigt wird, besteht für diesen auch bei Verschiedenheit der Regreßfristen keine Gefahr des Regreßverlustes, da die abgekürzten Fristen überall für jeden Gläubiger neu zu laufen beginnen. Der Gläubiger hat also genau wie der Nach-

---

[1] Vgl. Frankenstein I 593 ff., Lewald S. 72 ff.

mann, von dem er das Papier eingelöst hat, 14 Tage Zeit, um gegen einen französischen Indossanten, und 3 Monate, um gegen einen deutschen vorzugehen. Gewiß ist auch diese Verschiedenheit noch unbequem, aber sie kann als Konsequenz des Unabhängigkeitsgrundsatzes in Kauf genommen werden. Die Norm des Genfer Entwurfs dagegen greift die Grundlage dieses Prinzips an: der Bankier muß den Regreß gegen seinen Kunden nach dem für ihr Verhältnis völlig gleichgültigen Ausstellerrecht einrichten. Der französische Indossant eines in England ausgestellten Wechsels muß sich gefallen lassen, von seinem Nachmann, der den Wechsel zu Protest hat gehen lassen, noch nach 6 Jahren in Anspruch genommen zu werden, der englische Indossant eines in Frankreich ausgestellten Wechsels kann sich gegen jede englische Gepflogenheit darauf berufen, daß er nach Ablauf von 14 Tagen nicht mehr hafte.

Am unbequemsten sind diese Folgen, wenn der Regreßanspruch gegen einen zum selben Rechtsgebiet gehörigen Vormann gerichtet ist. Aber auch wenn im letztgenannten Beispiel der Kläger nicht ein englischer, sondern ein deutscher Wechselinhaber ist, befriedigt die Lösung nicht, zu der der Entwurf zwingt. Den Fall des Regreßanspruchs zwischen Angehörigen desselben Rechts aus der Regelung des Art. 5 auszunehmen, wäre zudem auch de lege ferenda nicht durchführbar, da nicht von vornherein feststeht, von wem der Wechselschuldner in Anspruch genommen wird, die für ihn geltende Regreßfrist also je nach der Person des Gläubigers wechseln würde. Damit wäre vollends das Gegenteil der erwünschten Einheitlichkeit und Rechtssicherheit erreicht.

Im Ergebnis sind die Vorteile, die Art. 5 gegenüber dem Unabhängigkeitsprinzip bringt, so gering, die Gefahren dieser Vereinheitlichung für den an sichere Fristen gewöhnten Geschäftsverkehr dagegen so erheblich, daß die Einführung dieser Vorschrift in die Gesetzgebung nicht begrüßt werden könnte.

3. Nach der großen Zahl der in Deutschland, England und den Vereinigten Staaten damit befaßten Entscheidungen zu schließen macht das Unabhängigkeitsprinzip am meisten Schwierigkeiten in seiner Anwendung auf die Formalakte der Präsentation, des Protests und der Notifikation, die der Wechselinhaber zur Erhaltung seines Regreßrechtes vorzunehmen hat. Dogmatisch betrachtet erfüllt er damit nicht echte Pflichten, die

dem gleichen Statut wie seine eigene Regreßhaftung unterstellt werden könnten, sondern bloße Obliegenheiten, deren Nichterfüllung für ihn nur Rechtsverlust, nicht Schadensersatzpflicht zur Folge hat.[1] Ihre Vornahme ist also, von den Regreßschuldnern aus gesehen, Voraussetzung ihrer Haftung, condicio iuris, implied condition im Sinne des common law. Diese Erkenntnis legt es nahe, für jeden Regreßschuldner nach seinem Recht zu prüfen, ob der Inhaber die für den Eintritt der Rechtsbedingung notwendigen Handlungen vorgenommen hat. Andererseits sind es — mit gewissen Ausnahmen für die Notifikation — einmalige, vom letzten Inhaber am Zahlungs- oder Wohnort des Bezogenen zu vollziehende Akte. Die Rechte aller einzelnen Wechselschuldner darauf anzuwenden, erscheint daher höchst unpraktisch.

Überwiegend hilft man sich so, daß man das Ob und das Wie dieser Akte, ihre Notwendigkeit und ihre Form unterscheidet. Jene wird dem Recht der einzelnen Regreßschuldner, diese dem Recht des Vornahmeorts unterstellt. Der zweite Satz ist ein Anwendungsfall der Regel „locus regit actum" und gilt unbestritten überall;[2] Zweifel ergeben sich nur bei seiner Anwendung auf die Notifikation und allgemein auf die Fristen, innerhalb derer diese Akte vorzunehmen sind. Der erste Satz wird als Folge des Unabhängigkeitsprinzips in der Theorie gleichfalls überwiegend anerkannt,[3] doch mehren sich die Stimmen, die zur Vereinfachung auch die Beurteilung der Notwendigkeit jener Akte dem Recht des Vornahmeorts zuweisen wollen.[4] Die Rechtsprechung ist, wie sich gezeigt hat, im allgemeinen dem Unabhängigkeitsprinzip gefolgt; auch die englische Judikatur weicht nur bezüglich der Notifikationsfristen teilweise ab. Sec. 72 Ziff. 3 BEA hat daraus die Vorschrift abgeleitet, daß Präsentations-, Protest- und Notifikationspflicht dem Recht des Vornahmeorts unterstehen sollen. Aber die eng-

---

[1] Anders die Notifikation nach deutschem Recht (Art. 45 WO), das beide Rechtsfolgen verbindet. Vgl. dazu unten S. 78 Anm. 1.

[2] Vgl. Art. 86 dtsch. WO, art. 8 Genfer Entwurf, Lorenzen S. 150 ff.

[3] v. Bar, Theorie u. Praxis II S. 167; Grünhut II S. 581; Bettelheim S. 194 ff.; Weiß IV S. 463; Surville S. 477 f.; Diena III n. 226, 237, 241; Ottolenghi n. 58 ff., 136 ff.; Wharton II § 452 b u. d; Lorenzen S. 145 ff., 148 ff.

[4] Frankenstein II S. 434, 445; Daniel I §§ 911/12; Kuhn, Académie de Dr. Int. Recueil VIII (1925 III) S. 141 f., 174 f.; Lyon-Caen n. 655 (für den Protest).

lische Doktrin schreckt vor dieser Verallgemeinerung zurück; Westlake (§ 231 f.) will die Notifikation davon ausnehmen, Dicey (S. 665) sogar nur die Präsentationspflicht unter die Bestimmung bringen.

Die Zweckmäßigkeitsfrage liegt bei den verschiedenen Akten nicht gleich und muß daher gesondert untersucht und entschieden werden.

a) Die Präsentation des Wechsels dient verschiedenartigen Zwecken. Sie muß einmal gegenüber jedem Wechselschuldner erfolgen, von dem Zahlung gefordert wird. Die deutsche Wertpapiertheorie reiht den Wechsel um deswillen in die Kategorie der Präsentationspapiere ein. Diese Eigenschaft ist so sehr Allgemeingut aller Wechselrechte, daß sie zu international-privatrechtlichen Konflikten kaum je Anlaß geben wird. Schließt einer der Wechselbeteiligten die Präsentation sich selbst gegenüber aus, so richtet sich Zulässigkeit und Wirkung dieser Erklärung nach dem Recht seiner Verpflichtung. Dies bedarf keiner weiteren Erörterung.

Daneben hat die Präsentation beim Hauptschuldner insofern Bedeutung für das Verhältnis des Wechselgläubigers zu den Regreßschuldnern, als ihr Unterlassen Regreßverlust zur Folge haben kann. Nur hier kann der eingangs dargestellte Konflikt auftauchen. Das Institut de Droit International hat ihn in Brüssel in der Weise lösen wollen, daß es die Präsentationspflicht einheitlich dem Recht des Ausstellers zuteilte.[1] In der Rechtsprechung ist die Frage mehrfach im Zusammenhang mit Protest und Notifikation gestreift, ausdrücklich aber nur in einer alten Entscheidung des Obersten Gerichtshofs der Vereinigten Staaten[2] behandelt worden, der sich in seiner Mehrheit zur Befolgung des Unabhängigkeitsprinzips entschloß.

Ein Bedürfnis, Zulässigkeit und Wirkung der von einem der Wechselbeteiligten, insbesondere dem Aussteller auf den Wechsel gesetzten Präsentationsge- und -verbote nach einer einheitlichen Kollisionsnorm zu regeln, besteht nicht. Da ein gesetzliches Präsentationsverbot nirgends besteht, ist der Wechselinhaber durch nichts gehindert, einem ausdrücklichen Präsentationsverlangen Folge zu leisten; unterläßt er es, so hat

[1] Art. IV. Ebenso Lyon-Caen IV n. 643 für d. Präsentation zur Annahme. Vgl. im übrigen Lorenzen S. 145 ff., Ottolenghi n. 58 ff.

[2] Musson v. Lake (1846) 45 US 262.

er einen dadurch eintretenden Regreßverlust gegen einen oder mehrere Regreßschuldner sich selbst zuzuschreiben und auch den übrigen Wechselbeteiligten gegenüber zu vertreten.[1] Umgekehrt kann die Verletzung eines Präsentationsverbots, an dem der Aussteller bei der Präsentation zum Akzept ein Interesse haben kann, nur Schadensersatzpflichten oder Verlust des Regresses gegen ihn, nicht aber gegen die übrigen Regreßschuldner zur Folge haben; das Unabhängigkeitsprinzip steht also nicht im Wege. Im übrigen ist die Präsentation zur Annahme und zur Zahlung zu scheiden. Ihre Notwendigkeit folgt im zweiten Fall wiederum aus dem Charakter des Wechsels als Präsentationspapier, sodaß Konflikte nicht wohl entstehen können. Eine Präsentation zur Annahme ist gleichfalls zwangsläufig nach allen Rechten notwendig beim Nachsichtwechsel; Verschiedenheiten bestehen dagegen beim Domizilwechsel. Hier kann also in der Tat ein Versäumnis des Wechselinhabers, der nach seinem und möglicherweise auch des Bezogenen oder Domiziliaten Recht eine solche Vorschrift nicht kennt, den Regreß gegen einzelne oder alle Schuldner vernichten. Andererseits ist jeder gemeinsame Anknüpfungspunkt willkürlich; ein mit der Vorschrift nicht vertrauter Wechselinhaber wird weder das Recht des Bezogenen noch das des Ausstellers daraufhin durchprüfen. Unter solchen Umständen verbleibt es besser beim Unabhängigkeitsprinzip, zumal der seltene Fall eine besondere Kollisionsnorm kaum lohnt.

b) Schwieriger ist die Frage, innerhalb welcher Frist die Präsentation zu erfolgen hat, kollisionsrechtlich einzuordnen. Der Fall liegt klar, wenn der Grundwechsel einen bestimmten Fälligkeitstag angibt; hier gehört die Vorlegungsfrist zu den oben unter II erwähnten Zahlungsmodalitäten, die dem Recht des Zahlungsorts unterstehen. Anders beim Sicht- und Nachsichtwechsel: Wird das Papier hier nicht innerhalb einer gesetzlich bestimmten Frist vorgelegt, so geht der Regreß, möglicherweise sogar der Anspruch gegen den Akzeptanten verloren. Es handelt sich nicht um eine dem Grundwechsel zuzurechnende Bestimmung der Fälligkeit, denn die Wechsel sind fällig „bei Sicht“, d. h. sofort, oder eine festgesetzte Zeit „nach Sicht“. Vielmehr ist in diesen Fällen die Rechtsbedingung der Vorlegung qualifiziert durch das Erfordernis der Innehaltung der Frist. Folgerichtig muß auch hier nach dem Recht jedes einzel-

[1] Vgl. oben S. 67.

nen Wechselschuldners entschieden werden, wie lange er sich zur Einlösung des Wechsels bereit halten muß. Nur bei Anwendung eines einheitlichen Rechts läßt sich aber die Gefahr vermeiden, daß die Vorlegung gegenüber einzelnen Wechselschuldnern zu spät erfolgt und damit der Regreß gegen sie verloren geht.

Die Frage ist im Wechselrecht nicht ganz so brennend wie im Scheckrecht,[1] weil die Fristen hier allgemein viel länger sind. Entscheidungen bestehen nur in den Vereinigten Staaten.[2] Im Staate South Dakota wird das Unabhängigkeitsprinzip durchgeführt; der Oberste Gerichtshof der Vereinigten Staaten entscheidet sich in Pierce v. Indseth bei einem in Minnesota auf Christiania in Norwegen ausgestellten, an einen Norweger remittierten Sichtwechsel für die Anwendung des Rechts des Zahlungsorts. In Frankreich ist die Frage gesetzlich geregelt, aber rein opportunistisch zu Gunsten des französischen Rechts.[3] Die Brüsseler Beschlüsse des Instituts de Dr. Int. (Art. III) wollen das Recht des Ausstellungsorts anwenden, ebenso de lege ferenda zahlreiche französische Autoren;[4] die überwiegende Meinung ist wohl noch für Durchführung des Unabhängigkeitsgrundsatzes.[5]

An diesem Grundsatz braucht nicht schon um deswillen festgehalten zu werden, wie Diena a. a. O. meint, weil die Indossanten die Frist in ihrem Indossament selbständig bestimmen können. Auch wenn man Zulässigkeit und Wirkung einer solchen Bestimmung nach dem Recht ihres Urhebers beurteilt, steht nichts im Wege, die in Ermangelung einer besonderen Klausel geltende Frist einheitlich zu regeln. Ebenso ist der Zusammenhang mit der Präsentationspflicht nicht unlösbar, da ja die Notwendigkeit der Vorlegung, wie sich gezeigt hat, beim Sicht- und Nachsichtwechsel allgemein feststeht. Überläßt man die Fristbestimmung dem Recht jeder einzelnen Verpflichtung, so muß der sorgfältige Inhaber dasjenige Recht aussuchen, dessen Frist am kürzesten ist. Kennt er die Wechselschuldner nicht alle und ergibt sich ihr Recht nicht aus der Skriptur,

---

[1] § 11 des dtsch. Scheckgesetzes stellt auf das Recht des Zahlungsorts ab.

[2] Oben S. 40 Anm. 2.

[3] art. 160 c. comm. Vgl. dazu Lyon-Caen IV n. 652.

[4] Lyon-Caen n. 653. Surville n. 487, Pillet n. 759, 766.

[5] Vgl. bes. Diena III S. 108 ff., 152; Grünhut S. 582; Bettelheim S. 167. — Für einheitliche Geltung des Rechts des Zahlungsorts neuerdings Chéron, Annales de dr. comm. 1929, 156 f.

weil das Indossament nicht datiert ist, so kann er bei aller Vorsicht einige Fristen versäumen, namentlich dann, wenn Ausstellungs- und Zahlungsort im Inland liegen und der Wechsel nur zwischendurch im Ausland umgelaufen ist. Unter diesen Umständen ist es angemessener, den Zufall durch eine einheitliche Kollisionsnorm auszuschalten. Für das Recht des Ausstellers spricht, daß dieser in erster Linie wissen muß, wie lange er beim Bezogenen Deckung unterhalten muß. Da er jedoch den Zahlungsort bestimmt, kann er sich rechtzeitig auch über das dortige Recht informieren, während der Bezogene, der möglicherweise von dem Wechsel nichts weiß, im Augenblick der Präsentation sofort klar sehen muß, ob er Annahme oder Zahlung verweigern kann. Auch das Interesse des Wechselinhabers geht eher dahin, das Recht des Ortes zu wählen, an dem er den Wechsel vorzulegen hat. Dieses ist in der Regel ihm selbst oder jedenfalls seinem Inkassomandatar am Vorlegungsort bekannt.

c) Protest und Notifikation stehen insofern in Wechselwirkung zueinander, als in der Regel nur einem der beiden Akte so große Bedeutung zukommt, daß sein Fehlen vollen Regreßverlust zur Folge hat. Die kontinentalen Rechte stellen den Protest in Vordergrund, das anglo- amerikanische Recht kennt ihn nur bei foreign bills, d. h. solchen Wechseln, bei denen Ausstellungs- oder Zahlungsort nicht im Inland liegen.[1] Hieraus erklärt sich das Bild der Rechtsprechung: die deutschen Entscheidungen zu dieser Frage betreffen fast ausschließlich Wechsel, deren Zahlungsort im Gebiet des common law lag und die dort nicht protestiert wurden; der Regreß gegen einen inländischen Wechselschuldner wurde hier stets versagt.[2] Umgekehrt beschäftigen die englische Judikatur ausschließlich Fälle mangelhafter, und zwar nicht rechtzeitiger Notifikation gegenüber englischen Wechselschuldnern; das Ergebnis ist nicht völlig klar. Die amerikanische Judikatur endlich hat mit beiden Fällen zu tun, da „foreign bills“ auch solche Wechsel sind, die in einem andern Einzelstaat der Union ausgestellt oder zahlbar sind, ein Protest also verhältnismäßig oft notwendig ist. Für den Protest ist die Unabhängigkeitslehre streng durch-

---

[1] sec. 4, 51 BEA; sec. 129, 152 Unif. Neg. Inst. Act.

[2] Ebenso die italienische Entscheidung des Kassationshofs Palermo vom 15. 12. 21, oben S. 26 Anm. 1.

geführt. Die Behandlung der Notifikation macht auch dort Schwierigkeiten.[1]

Das Ergebnis der deutschen Rechtsprechung befriedigt nicht sehr. Daran mag der Umstand Schuld tragen, daß der Protest als reiner Formalakt aus der Interessenlage der Parteien heraus überhaupt schwer verständlich ist. Ist der Protest englischer Gewohnheit gemäß am dortigen Zahlungsort unterlassen worden, so ist die daraus folgende Befreiung des deutschen Schuldners ebenso unbefriedigend, wie es dem englischen Richter schwer fallen würde, auf Grund seiner entgegengesetzten Kollisionsnorm bei einem in Deutschland zahlbaren und versehentlich nicht protestierten Wechsel dem englischen Regreßschuldner zu gestatten, sich gegenüber seinem englischen Nachmann auf diesen dem englischen Recht unbekannten Mangel zu berufen. Immerhin trifft im zweiten Fall den Wechselinhaber, der den Protest versäumt hat, ein Verschulden, das er seinen Vormännern gegenüber zu vertreten hat,[2] während im Fall der englischen inland bill, die ein undatiertes deutsches Indossament trägt, der Wechselinhaber möglicherweise gar nicht weiß, daß ein deutscher Schuldner im Wechselverbande steht. Dies legt es wie bei der Vorlegungsfrist nahe, den Protest einem einheitlichen Recht, und zwar dem des Zahlungsorts des Bezogenen zu unterstellen.[3]

Fraglich ist nur, ob dem nicht die Verflechtung von Protest und Notifikation im Wege steht. Die Notifikationspflicht besteht zwar auch nach den kontinentalen Rechten, aber ihre Versäumung hat so verschiedenartige Folgen, daß hier eine ein-

[1] Angesichts der vielen Entscheidungen, die sich in Deutschland und den Ver. Staaten mit der Notwendigkeit von Protest und Notifikation befassen, ist es schwer verständlich, wie Lorenzen S. 149 f. behaupten kann, die Durchführung des Unabhängigkeitsprinzips bedeute praktisch keine Erschwerung, da „each one of these acts is customarily done without regard to the legal necessity for so doing". Richtig ist nur soviel, daß in den Ver. Staaten (im Gegensatz zu England) die Banken auch bei inland bills vielfach Protest erheben lassen.

[2] Vgl. oben S. 67.

[3] v. Salpius ZHR 19, 32 ff., 46 ff. versucht zu diesem Ergebnis durch den Nachweis zu gelangen, daß der Protest sich als eine Form der Präsentation entwickelt habe. Ob das historisch richtig gesehen ist, mag auf sich beruhen; die geltenden Wechselrechte haben ihn jedenfalls zu einer selbständigen Regreßvoraussetzung ausgestaltet. Vgl. dazu auch v. Bar, Theorie u. Praxis II S. 168, Anm. 48, Bettelheim S. 199, Anm. 37.

heitliche Regelung den Handelsverkehr erheblich beunruhigen müßte, solange man noch den Grundsatz der Unabhängigkeit im übrigen beibehält. Der Umstand, daß die Anzeige, soweit sie nicht vom letzten Inhaber bereits allen Vormännern erteilt wurde, jedem Regreßbeteiligten gegenüber seinen Vormännern neu obliegt, führt gleichfalls dazu, daß Notwendigkeit der Notifikation und Wirkung ihrer Unterlassung nur nach dem Recht jedes einzelnen Wechselschuldners beurteilt werden kann.[1] Beläßt man es trotzdem für den Protest bei der vorgeschlagenen einheitlichen Regelung, so kann es vorkommen, daß der deutsche Indossant eines in England zahlbaren Wechsels diesen ohne Protest und Notifikation im Regreßwege einlösen muß. Da er seinerseits die Notifikation gegenüber englischen Vormännern nachholen kann, seinen Regreß also nicht verliert, hat dieses Ergebnis nichts Bedenkliches. Die beiden Akte dienen eben verschiedenen Zwecken; die feierliche Feststellung der Nichtzahlung wird durch die Benachrichtigung der Schuldner und diese durch jene nicht ersetzt. Daher erscheint es auch möglich, die Notwendigkeit des Protestes nach dem Recht des Zahlungsorts, diejenige der Notifikation dagegen nach dem Recht der einzelnen Wechselschuldner zu behandeln.

Die Form des Protestes wird, wie oben S. 72 erwähnt, dem Recht des Vornahmeorts unterstellt. Dasselbe muß für die Protestfrist gelten[2]; für das deutsche Wechselrecht steht fest, daß sie gleichfalls unter Art. 86 WO fällt.[3] Schwierigkeiten bereiten dagegen Form und Frist der Notifikation.[4] Die englischen Entscheidungen Hirschfeld v. Smith und Horne v. Rouquette[5] be-

---

[1] Ob, wie in Deutschland (oben S. 72 Anm. 1), für den Inhaber neben der Obliegenheit eine echte Notifikationspflicht besteht, ist dagegen nach dem Recht dieses Inhabers, nicht des Regreßschuldners, zu entscheiden. Da dem Regreßschuldner in den Ländern, in denen er mangels Notifikation frei wird, durch die Verletzung jener Pflicht kein Schaden erwächst, ist die Frage praktisch meist bedeutungslos.

[2] Diena III n. 238; Lyon-Caen n. 655; Wharton II § 452 c; Lorenzen 152. Ebenso Art. V der Brüsseler Beschlüsse des Inst. de Dr. Int. Dagegen wollen auch hier das Recht jeder einzelnen Verpflichtung anwenden Surville n. 497/8 u. Weiß IV S. 463.

[3] ROHG 1, 286; 21, 150; RGZ 9, 431; 32, 115; Staub-Stranz Art. 86, 1; v. Bar Theorie u. Pr. II 170; Grünhut II 577 f.; Frankenstein II S. 446.

[4] Vgl. dazu Lorenzen S. 152 ff. Dort auch weitere Literatur.

[5] Oben S. 30.

handeln nur die Frist und kommen zu dem Ergebnis, daß für den letzten Inhaber gegenüber seinem Vormann das Recht des Zahlungsorts maßgebend sei, während sein Verhältnis zu den übrigen Regreßschuldnern offen gelassen und die Notifikation dieser Vormänner untereinander jedenfalls nicht dem Recht des Zahlungsorts der Hauptschuld, eher dem des belangten Regreßschuldners unterstellt wird. Sec. 72 Ziff. 3 BEA folgert daraus allgemein, daß „the sufficiency of a protest or notice of dishonour" bestimmt werde „by the law of the place where the act is done or the bill is dishonoured". Aber Westlake (§ 232) will dies in Anlehnung an Horne v. Rouquette nur auf den Protest und die Notifikation des letzten Inhabers gegenüber seinem Vormann beziehen, im übrigen dagegen für Form und Frist der Notifikation das Recht der einzelnen Wechselschuldner anwenden. Dicey (S. 665) bezeichnet diese Auslegung als gezwungen, hält aber selbst den Wortlaut der Bestimmung für dunkel und möchte ihren Anwendungsbereich auf die Präsentation beschränken. Daß dies dem Wortlaut vollends deutlich widerspricht, kann kaum zweifelhaft sein. Man wird also die weitere Judikatur abwarten müssen. In den Vereinigten Staaten geht die neuere Rechtsentwicklung dahin, Form und Frist der Notifikation dem Recht des Vornahmeorts zu unterstellen;[1] doch war wie in England überall nur die Notifikation des letzten Inhabers im Streit.

Was die Form der Notifikation angeht, so ist hier überall der Regel: locus regit actum, zu folgen, also das Recht des Orts anzuwenden, von dem aus die Notifikation abgesandt wird. Daß die ältere amerikanische Rechtsprechung die „sufficiency" dem Recht des Regreßschuldners unterstellt, erklärt sich wieder aus dem Mangel eines besonderen Formstatuts;[2] sie stellt damit jedoch an den Wechselinhaber kaum erfüllbare Zumutungen. Aber auch für die Frist muß das Recht des Vornahmeorts entscheiden; bei der Kürze dieser Fristen kann dem Inhaber nicht zugemutet werden, die Rechte der einzelnen Regreßschuldner zu beachten. Dies ist jedenfalls der gesunde Kern auch der englischen Entscheidungen. Folgerichtig muß die Regel aber für jeden Wechselinhaber allen seinen Vormännern gegenüber gelten; da den Regreßschuldnern nach ihrem Wohnort notifiziert

---

[1] Vgl. oben S. 40.
[2] Vgl. oben S. 37, unten S. 97.

wird, kann praktisch auch nicht zweifelhaft sein, wo der „Vornahmeort“ ihrer eigenen Notifikation liegt.[1]

d) Der Genfer Entwurf hat die Notwendigkeit von Präsentation, Protest und Notifikation nicht geregelt. Da er im übrigen das Unabhängigkeitsprinzip befolgt, so muß mangels besonderer Bestimmungen angenommen werden, daß er das Prinzip auch für die in diesem Abschnitt behandelten Fragen, insbesondere also auch für die Vorlegungsfrist und den Protest durchführen will, zumal dies für den Protest im Einklang mit der bisherigen Rechtsentwicklung steht.

Dagegen hat der Entwurf in Art. 8 Form und Frist des Protests entsprechend dem hier vertretenen Standpunkt dem Recht des Protestorts, die Form der Notifikation dem Recht des Landes unterstellt „sur le territoire, duquel doit être .... passé l'acte en question“, also dem Recht des Vornahmeorts. Für die Notifikationsfrist fehlt es an einer Bestimmung; doch steht wohl nichts im Wege, auch sie wie die Form zu behandeln.

4. Voraussetzung des Regresses ist außer den behandelten Formalakten materiell das Ausbleiben des Akzeptes oder der Zahlung, die unter Vorlegung des Wechsels verlangt wurden. Verweigert der Bezogene die geforderte Handlung ganz, so kann nicht zweifelhaft sein, daß der Regreßschuldner dafür einstehen muß. Kollisionsrechtliche Schwierigkeiten ergeben sich aber, wenn der Bezogene nur für einen Teil der Summe oder unter sonstigen Beschränkungen zu akzeptieren oder zu zahlen bereit ist. Die Frage, ob er selbst aus diesem beschränkten Akzept haftet, ob es also nicht etwa unwirksam ist, und ebenso, ob er durch die Teilzahlung in Höhe des Geleisteten erfüllt hat oder mit der ganzen Wechselsumme in Verzug kommt, ist offensichtlich nach seinem Recht zu beurteilen. Welche Wirkung diese teilweise Leistung dagegen auf die Regreßhaftung der übrigen Wechselschuldner ausübt, ob sie in voller Höhe oder nur für den vom Bezogenen nicht geleisteten Teil in Anspruch genommen werden können, ob sich also der Präsentant die Teilleistung gefallen lassen muß, ist den unter 3. erörterten Grundsätzen gemäß streng genommen nach dem Recht jedes einzelnen Regreßschuldners zu entscheiden. In der Tat wird diese Folgerung auch gezogen.[2] Sie läßt sich auch

[1] Ebenso Art. V der Beschlüsse des Inst. de Dr. Int. in Brüssel.
[2] Diena III S. 122, 154f.; Ottolenghi n. 122. Insofern rich-

nicht mit der Erwägung umgehen, daß es sich um bloße Zahlungsmodalitäten handle.[1] Aber da sie den Regreß wiederum nur willkürlich gegen einzelne Schuldner, oder gegen alle Schuldner, aber in verschiedener Höhe, entstehen läßt, so erscheint es im höchsten Grade erwünscht, wenn auch für diese Fragen einheitlich das Recht des Zahlungsorts zur Entscheidung berufen wird.[2] Es ist daher zu begrüßen, daß der Genfer Entwurf in Art. 7 (ebenso wie schon Art. 7 des Genfer Vorentwurfs) diesem Bedürfnis Rechnung trägt, indem es die praktisch wichtigsten Fälle, das Teilakzept und die Teilzahlung, dem Recht des Zahlungsorts unterstellt. Man wird diese Vorschrift analog auch auf die übrigen Fälle des beschränkten Akzepts und der beschränkten Zahlung anwenden dürfen, falls sich dabei Konflikte ergeben sollten.

§ 5. Der Inhalt der Kollisionsnormen.

I.

Die Untersuchung über die Rolle, die der Parteiautonomie im internationalen Wechselrecht zukommt, hat zugleich gezeigt, daß es möglich und notwendig ist, für die einzelnen Wechselverpflichtungen objektiv feststehende Kollisionsnormen anzuerkennen. Es bleibt noch zu klären, welchen Inhalt diese Kollisionsnormen haben sollen.[3]

Die Theorie des internationalen Obligationenrechts liefert einen bunten Strauß möglicher Anknüpfungspunkte; die Wechselrechtstheorie hat die meisten von ihnen auch auf ihr Gebiet zu übertragen versucht. Ihre allgemeinen Vorzüge und Nachteile abzuhandeln, ist hier nicht der Ort; die Auswahl hat nur die Bedürfnisse des Wechselverkehrs zur Richtschnur zu neh-

tig auch das oben S. 25 mitgeteilte Urteil des Trib. de comm. de la Seine v. 29. 10. 1902 (Schadensersatzklage des Akzeptanten gegen den Aussteller wegen verfrühten Protests abgewiesen, da die Fälligkeit nur im Akzept hinausgeschoben worden war).

[1] So Bettelheim S. 173.

[2] Ebenso Lorenzen S. 163 f.

[3] Ihre Tragweite wird unter II noch näher untersucht. Nicht in diesen Zusammenhang gehört die Frage, ob eine Wechselverpflichtung besteht; sie ist abhängig teils von Form und Gültigkeit der Erklärung, teils von der in § 7 behandelten Umlaufsfähigkeit des Wechsels.

men. Schon die erste Übersicht beschränkt die Wahl auf wenige Prinzipien.

1. Die Einführungsbestimmungen zum italienischen Codice civile — um gleich das wichtigste Beispiel zu nennen — bestimmen in art. 9, daß bei gleicher Staatsangehörigkeit der Parteien das Recht dieses Staats ein zwischen ihnen bestehendes Schuldverhältnis beherrscht. Diese Vorschrift gilt auch für Wechselverpflichtungen.[1] Sie findet sich in art. 23 der chinesischen WO von 1929 wieder;[2] nach einer mehrfach aufgestellten,[3] in der Praxis freilich nie beachteten Behauptung folgt sie auch für das deutsche Wechselrecht aus Art. 85 WO, der für die Form das gemeinsame Heimatrecht der Parteien beachtet wissen will. In der Theorie findet sie vereinzelt Beifall,[4] überwiegend aber Ablehnung.[5] Ist die hier vertretene Auffassung richtig, daß die Wechselerklärungen auch kollisionsrechtlich als typisierte, von den Besonderheiten des Einzelfalles losgelöste Rechtsgeschäfte zu behandeln sind, so kann das gemeinsame Heimatrecht für die Wechselverpflichtungen keine geeignete Kollisionsnorm abgeben, auch wenn man sie für das Grundgeschäft als maßgebend ansehen will. Dazu kommt, daß der Schwerpunkt der Wechsel-Rechtsgeschäfte auch dann, wenn man als ihren Entstehungsgrund einen Vertrag, nicht schon die einseitige Erklärung betrachtet, beim Schuldner liegt, während die Person des Gläubigers weniger wesentlich ist und wechseln kann. Besondere Eigenschaften und Verhältnisse dieser Person können daher über die Anknüpfung nicht entscheiden.

2. Die Staatsangehörigkeit des Schuldners ist hier so wenig wie sonst im internationalen Obligationenrecht zur Anknüpfung geeignet. Selbst Frankenstein, der dem Heimatrecht des Schuldners a priori die Herrschaft über die von ihm eingegangenen Verpflichtungen zuerkennt, muß praktisch die Entscheidung der von diesem Heimatrecht bestimmten „sekundären Rechtsordnung" überlassen.[6]

---

[1] Diena III n. 216; Ottolenghi n. 44; Cass. Napoli 4. 1. 98, Dir. Comm. 1898, 547, Arch. Giur. 1900 (65) 498; Clunet 1905, 1115 (vgl. unten S. 93).

[2] Vgl. oben S. 16 f.

[3] So Grünhut S. 575 Anm. 22.

[4] Weiß IV, S. 458; Surville n. 484.

[5] Diena u. Ottolenghi a. a. O., Lyon-Caen n. 642, Lorenzen S. 108 f.

[6] So für das Wechselrecht Bd. II, 431 f. Er selbst verzichtet aller-

3. Das Wohnsitzrecht des Schuldners hat vor allem in der deutschen Theorie des internationalen Obligationenrechts in v. Bar[1] einen Vorkämpfer gefunden. Auch bei Bettelheim und bei Felix Meyer spielt diese Anknüpfung, wenn auch nur sekundär hinter der lex loci actus, eine Rolle.[2] Gleichfalls in Verbindung mit dem Recht des Erklärungsorts hat das Institut de Droit International in seinen Florentiner Beschlüssen (art. 2 i) dieses Recht für die Wechselverpflichtungen vorgeschlagen. Endlich hat überraschenderweise der Genfer Vorentwurf in Art. 5 die lex domicilii als Grundnorm für die Wirkung von Wechselerklärungen einführen wollen.

Dieser Vorschlag war, wie bei den Beratungen des Genfer Entwurfs auch hervorgehoben wurde,[3] jedenfalls insofern verfehlt, als er in das Labyrinth von Schwierigkeiten hineinführte, die die Auslegung des Begriffes domicile im englisch amerikanischen Recht bereitet.[4] Man hätte also, wie auch sonst in der neueren Staatsvertragspraxis, an den „gewöhnlichen Aufenthaltsort" anknüpfen müssen.

Davon abgesehen verdient aber der Vorschlag schon um deswillen ernste Beachtung, weil er im Ergebnis mit der deutschen, weitgehend auch mit der englischen und amerikanischen Rechtsprechung übereinstimmt. Dort ist zwar nicht vom Wohnsitz, sondern vom Erfüllungsort die Rede. Aber die Übersicht über die Entscheidungen hat ergeben, daß diese beiden Orte regelmäßig — abgesehen vom Fall des Domizilwechsels für den Akzeptanten — identisch waren. Das ist nicht Zufall, sondern liegt in der bereits erwähnten[5] Natur des Wechsels als Präsentationspapier begründet: Der Wechselgläubiger muß den Schuldner aufsuchen und kann von ihm nur gegen Vorlegung und Rückgabe des Wechsels Zahlung verlangen. Der Wohnsitz des Schuldners ist also in aller Regel auch notwendig sein Erfüllungsort.[6] Damit wird einer der

---

dings darauf, zu untersuchen, welche sekundäre Anknüpfung zweckmäßig ist.

[1] Theor. u. Pr. II, S. 13 ff., f. d. Wechselrecht S. 180 ff.

[2] Vgl. oben S. 53.

[3] Sitzg.-Prot. d. 25. Sitzg. (29. 5.) Comptes Rendus S. 357 f.

[4] Das ist wohl auch der Grund für die Ablehnung dieser Anknüpfung bei Lorenzen S. 109, der darauf hinweist, die Bevölkerung in den Ver. Staaten sei „migratory", ihr Wohnsitz daher tatsächlich schwer feststellbar. S. auch Lorenzen, 31 Yale L. J. 59.

[5] Oben S. 73.

[6] Dieser Zusammenhang von Wohnsitz und Erfüllungsort ist be-

Haupteinwände gegenstandslos, die — neuerdings wieder mit besonderer Schärfe von Frankenstein[1] — gegen die Tauglichkeit des Erfüllungsorts zur kollisionsrechtlichen Anknüpfung erhoben worden sind. Das Qualifikationsproblem taucht im Wechselrecht nicht auf; der Erfüllungsort ist, sei es wie beim Akzeptanten durch die Skriptur selbst, sei es wie bei den übrigen Wechselbeteiligten durch ihren Wohnsitz, eindeutig bestimmt. Ob die Kollisionsnorm den Erfüllungsort für maßgebend erklärt, oder ob sie, wie Art. 5 des Genfer Vorentwurfs, vom Wohnsitz des Schuldners ausgeht und nur da, wo der Schuldner einen anderen Ort bezeichnet,[2] an diesen Ort anknüpft, wird dadurch zur bloßen Formulierungsfrage.

Diese Feststellung bedeutet mehr als die Vereinfachung einer Rechenaufgabe durch Auflösung einer Unbekannten in einer algebraischen Gleichung. Wohnsitz und Erfüllungsort sind als Anknüpfungsbegriffe nicht a priori gegeben, sondern beide gefunden im Streben nach einem Schwerpunkt, einem „Sitz" des Rechtsverhältnisses. Das Schwergewicht dieses Ortes wird also durch das Zusammentreffen der beiden Funktionen in ihm wesentlich verstärkt. Da die Wechselverpflichtungen streng einseitiger Natur sind, entfällt hier auch das praktische Bedenken, das sonst gegen diese Auffassung und die ihr folgende deutsche Rechtsprechung besteht, daß sie nämlich bei gegenseitigen Verträgen zur Aufteilung des Schuldverhältnisses unter zwei Rechte und damit zu dogmatisch kaum lösbaren Schwierigkeiten führt. Umgekehrt gewinnt ein mit ihr verbundener praktischer Vorteil im Wechselrecht erhöhte Bedeutung: Wohnsitz und Erfüllungsort ist zugleich der Gerichtsstand des Wechselschuldners. Der Richter kann also in aller Regel sein eigenes Recht anwenden. Dadurch wird die für das schleunige Wechselverfahren besonders lästige Verzögerung vermieden, die sonst unausbleiblich ist, wenn das anzuwendende ausländische Recht erst ermittelt werden muß.

---

sonders klar in den schweizerischen Entscheidungen (oben S. 22 f.) erkannt, die stets den Charakter der Wechselschuld als Holschuld hervorheben. Vgl. auch v. Bar, Intern. Handelsrecht S. 382.

[1] Bd. II, 132 ff. Gemäßigter Lewald S. 224 ff.

[2] Praktisch kann damit nur der Domizilwechsel gemeint sein; die übrigen Ortsangaben im Wechsel enthalten keine Angabe des Erfüllungsorts (vgl. oben S. 48, 50 f. und über die Zweifel, die sich darüber in den Genfer Beratungen erhoben, S. 57).

4. Die oben S. 16 f. angeführten Gesetze über internationales Wechselrecht, die Rechtsprechung und Wissenschaft[1] in den romanischen Ländern und in Österreich,[2] die ältere deutsche Rechtsprechung und vereinzelte deutsche Autoren,[3] endlich der englische BEA[4] und für einen Teil der Wechselverpflichtungen die englische und amerikanische Judikatur bevorzugen die lex loci actus. Diese Auffassung hat den großen Vorteil, für Form, Inhalt und Wirkung einer Wechselerklärung zu einer einheitlichen Kollisionsnorm zu gelangen. Dadurch wird die im Wechselrecht, wie sich gezeigt hat, besonders schwierige Trennung von Form und Inhalt vermieden, und auch die Verpflichtungswirkung mit der noch näher zu untersuchenden Übertragungswirkung in einem Rechte vereint. Andrerseits entspricht diese Anknüpfung wenigstens dann, wenn die Erklärung datiert ist, dem Verkehrsschutzinteresse, da jeder Erwerber des Wechsels das maßgebende Recht aus der Skriptur ersehen kann. Dieses Interesse ist so stark, daß sein Schutz auch dem sonst gegen die Anknüpfung an den Erklärungsort erhobenen Vorwurf der Zufälligkeit und Bedeutungslosigkeit dieses Tatbestandsstücks für die weitere Entwicklung des Schuldverhältnisses standhält. Freilich gewinnt dieser Vorwurf überall da, wo die Erklärung nicht datiert ist — und das gilt jedenfalls beim Indossament für die große Mehrzahl der Fälle — seine alte Stärke zurück.

Auch bei diesem Anknüpfungsbegriff besteht eine Qualifikationsschwierigkeit. Der Ort, an dem die Verpflichtung entstanden ist, kann je nach der Auffassung des einzelnen Landesrechts der Ort sein, an dem die Erklärung abgegeben, also unterschrieben wurde, oder derjenige, an dem sie dem andern Teil zuging, oder derjenige, an dem diesem das Papier ausgehändigt wurde. In den romanischen Ländern hat sich Rechtsprechung und Wissenschaft für den Ort der Abgabe der Erklärung durch Leistung der Unterschrift entschieden. Dagegen stellt das englisch-amerikanische Recht auf den Ort der „delivery", der Übergabe des Papiers an den Empfänger ab. In Eng-

---

[1] Weiß IV S. 459, Surville n. 485 f., Lyon-Caen n. 642, Diena III n. 216, Ottolenghi n. 46 ff.

[2] Bettelheim S. 158; vgl. auch oben S. 23.

[3] Grünhut II S. 578 ff.; Felix Meyer § 110 seines Entwurfs, Welt-Wechselrecht Bd. II; neuerdings auch Hirsch, J. W. 1930, 1341 und Blätter f. Int. Pr. 1930, 270 f.

[4] Vgl. dazu oben S. 31 f. Für das Recht des Erklärungsorts auch Lorenzen S. 120 f.

land wird dieser Grundsatz streng durchgeführt;[1] in den Vereinigten Staaten läßt man, wie sich gezeigt hat,[2] die Aufgabe zur Post genügen und wendet demgemäß das Recht dieses Aufgabeorts an. Aber die berichteten Versuche der amerikanischen Judikatur, trotzdem den Datumsort wenigstens dritten Erwerbern gegenüber gelten zu lassen, lehren, daß diese, aus der Doktrin des common law über die Entstehung der Wechselverpflichtung abgeleitete Auffassung unpraktisch ist. In der Tat gibt man den Hauptvorteil dieses Anknüpfungsbegriffs für das internationale Wechselrecht, seine Erkennbarkeit aus der Skriptur auf, wenn man einen andern als den Datumsort entscheiden läßt. Da auch hier die konstruktive Erklärung der Entstehung der Wechselverpflichtung nicht maßgebend sein darf, wird man also auf alle Fälle dem Ort, an dem die Unterschrift geleistet ist, den Vorzug geben und dies in der Fassung der Kollisionsnorm zum Ausdruck bringen müssen.

II.

Die Entscheidung zwischen den beiden praktisch allein in Frage kommenden Prinzipien, dem Recht des Wohnsitzes und Erfüllungsorts und dem des Ausstellungsorts, kann nur für die einzelnen Wechselverpflichtungen gesondert erfolgen.

1. Die Haftung des Akzeptanten wird von der deutschen, schweizerischen, englischen und amerikanischen Rechtsprechung dem Recht des Erfüllungsortes, also des Zahlungsortes des Wechsels unterstellt, und zwar auch da, wo dieser vom Wohnsitz abweicht wie beim Domizilwechsel.[3] Die romanische Theorie und Rechtsprechung hält am Recht des Ortes der Abgabe der Akzeptserklärung fest, ohne auf den Zahlungsort zu achten.[4]

---

[1] Es besteht nur die alte Entscheidung Chapman v. Coterell (1865; 3 H & C 865) 12 LTR 706. Dort war eine promissory note in Florenz ausgestellt u. dem Remittenten nach London gesandt worden. Als „lex loci actus" galt das englische Recht. (Es handelte sich um die Zuständigkeit des engl. Gerichts.) Vgl. auch Westlake § 233.

[2] Oben S. 40 f.

[3] So für Deutschland zuerst RG 17. 1. 1882, RGZ 6, 24. Sehr klar OLG Karlsruhe, Bad. Rechtspr. 18, 135. Anders OLG Hamburg 11. 4. 1922. Hans. R. Z. 1922, 813; Leipz. Z. 1922, 626 für den Fall einer bloßen „Zahlstelle" in London; worin der Unterschied zur Domizilierung liegt, wird nicht klar. — Für die Schweiz. Ob. Ger. Zürich 30. 5. 1920, Bl. Zü. R. XIX Nr. 201. — Für England Allen v. Kemble und Cooper v. Waldegrave (oben S. 29 f., 31). — Für die Ver. Staaten vgl. oben S. 36, unten S. 97.

[4] Cass. Firenze 2. 6. 90, Mon. Trib. 1890, 648, Clunet 1893, 954;

Mehrfach wird aber auch dem Recht des Ausstellers Einfluß eingeräumt: v. Bar[1] meint, dessen Recht entscheide zunächst; der Akzeptant übernehme keine weitergehenden Verpflichtungen, hafte aber auch nicht über den Umfang seines eigenen Rechts hinaus. Ebenso erklärt Surville:[2] „Quand le tireur, rédacteur du titre, donne au tiré mandat de l'accepter, il le charge de l'accepter dans les conditions où il a été créé ..... il faut supposer chez le tiré accepteur l'intention d'adhérer purement et simplement au contrat déjà formé."

Die Untersuchung über die Grenzen des Unabhängigkeitsprinzips hat bereits gezeigt, was es mit diesem Einfluß des Ausstellerrechts auf sich hat. Es handelt sich um nichts anderes als um den „relativen Inhalt" der Wechselverpflichtungen, der sich aus dem Grundwechsel ergibt. Insofern ist es richtig, daß der Bezogene einen „contrat déjà formé" vorfindet, den er annehmen oder ablehnen kann. Nur ist schon die Auslegung dieses Grundwechsels, wie sich herausgestellt hat, nicht schlechthin dem Ausstellerrecht zu entnehmen. Für alle nicht aus dem Grundwechsel sich ergebenden Fragen dagegen, etwa für die Dauer der Verjährung — sofern man diese als materiellrechtliches Institut betrachtet — bleibt es beim Unabhängigkeitsgrundsatz.

Gerade für das Akzept scheint mir nun das Recht des Zahlungsorts bei weitem den Vorzug zu verdienen vor dem des Erklärungsorts.[3] Der Vorteil der Erkennbarkeit aus der Skriptur, der sonst für diesen letztgenannten Ort angeführt wird, spricht hier gleichfalls zugunsten des im Wechsel genannten Zahlungsorts. Auch der enge Zusammenhang mit den ohnedies an diesen Ort geknüpften Fragen der Fälligkeit und der Zahlungsweise macht es wünschenswert, sein Recht auf die ganze Akzeptverpflichtung auszudehnen. Eben diese Gründe sprechen auch dafür, im Falle der Domizilierung den Domizilort und nicht den Wohnort des Akzeptanten zu wählen. Der Akzeptant, der an diesem Ort ohnedies einen Domiziliaten bestellen muß, ist dadurch nicht behindert, der Aussteller aber hat den Domizilort häufig nur bestimmt, um statt des unbekannten Wohnorts

Weiß IV S. 460; Lyon-Caen n. 645; Diena n. 228; Ottolenghi n. 73. Ebenso Grünhut II S. 579 Anm. 32.

[1] Theorie u. Pr. II S. 165.

[2] n. 488.

[3] Dagegen ohne ausreichende Begründung Hirsch, Blätter f. Int. Pr. 1930, 270 f.

des Bezogenen einen Platz mit lebhaftem Zahlungsverkehr zu gewinnen, dessen Recht infolgedessen auch dem Wechselverkehr geläufiger ist als das des Wohnorts.

Der Genfer Entwurf hat sich diese Auffassung zu eigen gemacht und in Art. 4, Abs. 1 für die Haftung des Akzeptanten und des Ausstellers eines Eigenwechsels das Recht des Zahlungsorts vorgeschrieben. Hiernach bestimmt sich also der Umfang seiner Haftung, soweit er nicht schon aus dem Grundwechsel folgt, oder wo das Akzept vom Grundwechsel abweicht,[1] die Einreden, die der Akzeptant erheben kann,[2] sowie die Frage, ob er sein Akzept widerrufen darf.[3] Nicht hierher gehört dagegen die Frage, ob der Bezogene dem Aussteller gegenüber zum Akzept verpflichtet ist. Eine solche Verpflichtung kann sich nur aus dem Grundverhältnis zwischen diesen Personen ergeben und ist daher nach dem Statut dieses Rechtsverhältnisses zu beurteilen.[4]

2. Für Aussteller und Indossanten liegt in der Rechtsprechung das Übergewicht bei der lex loci actus, auf die auch die englische und amerikanische Judikatur verweist. In der Tat sind hier eher Zweifel möglich, vor allem bei der Haftung des Ausstellers, dessen Erklärungsort sich stets aus der Skriptur ergibt und dessen Erklärung in besonders engem Zusammenhang mit der Wechselform steht. Die Zahl der datierten Indossamente wird dagegen geringer sein als die der undatierten. In diesen zweiten Fällen ist dem späteren Erwerber des Papiers wohl zuzumuten, nach dem Wohnort des Indossanten zu forschen, an dem er ihm den Wechsel vorlegen und ihn verklagen muß, während der Ort der Indossierung, wenn er nicht mit dem Wohnort identisch ist, für ihn sonst keinerlei Bedeutung hat.

Über die Versuche, Wohnort und Erklärungsort in der Weise zu verbinden, daß dieser nur dann gilt, wenn er in der Skriptur angegeben ist, wurde bereits oben S. 52 ff. berichtet. Der Vorschlag des Institut de Droit International in den Beschlüssen von Florenz (1908)[5] enthält vielleicht vom wissenschaftlichen Standpunkt aus die befriedigendste

---

[1] Vgl. oben S. 80 f.

[2] Ob sie durch Übertragung des Wechsels gegenüber einem neuen Inhaber ausgeschlossen werden, ist in § 7 zu untersuchen.

[3] Diena III S. 121, Ottolenghi n. 77, Frankenstein II S. 439.

[4] Vgl. Frankenstein II S. 439 Anm. 94 mit weiterer Literatur.

[5] Vgl. oben S. 55; Text unten Anhang S. 117.

Lösung. Der Genfer Entwurf hat es vorgezogen, hier der romanischen und anglo-amerikanischen Lehre, die den Vorzug größerer Einfachheit hat, ganz zu folgen; er entscheidet in Art. 4 Abs. 2 auch den oben erwähnten Qualifikationskonflikt ausdrücklich dahin, daß sich die Haftung der übrigen Wechselschuldner (außer Akzeptant und Aussteller eines Eigenwechsels) bestimme „par la loi du pays sur le territoire duquel les signatures ont été données“.

Nach diesem Recht sind also wiederum der Umfang der Haftung, die Einreden des Schuldners, die Wirkung etwa vorbehaltener Haftungsbeschränkungen, auch die in den Vereinigten Staaten mehrfach entschiedene[1] Frage zu beurteilen, ob der Indossant im Sprung- oder Reihenregreß oder nur subsidiär hinter dem Aussteller,[2] ob anteilig oder solidarisch aufs Ganze haftet.[3]

3. Unter die vom Genfer Entwurf nach der lex loci actus behandelten Wechselverpflichtungen fallen auch Aval und Ehrenintervention. Über die Behandlung des Avals hatte bisher in der Theorie keine volle Einigkeit geherrscht. Vielfach wurde er als Bürgschaft behandelt, auf die das Recht der Hauptverpflichtung, für die sie abgegeben wurde, anzuwenden sei; auch der Vertrag von Montevideo entscheidet sich in Art. 31 dafür. Die heute herrschende Lehre unterstellt dagegen den Avalisten seinem eigenen Recht,[4] ebenso jetzt Art. 268 des Codigo Bustamante und die italienische Entscheidung des Appellhofs Mailand vom 25. 11. 1929.[5] Die Frage hat noch bei den Genfer Beratungen eine Rolle gespielt, da von deutscher Seite vorgeschlagen worden war, auf das Recht der Hauptverpflichtung zu verweisen. Doch setzte sich auch hier die von der italienischen Delegation vertretene herrschende Lehre durch.[6] Ob sie schon notwendig aus dem Unabhängigkeitsprinzip folgt, wie der Vertreter Italiens dort ausführte, kann bei der eigenartigen Stellung, die der Aval im Wechselverband einnimmt, immerhin zweifelhaft sein. Aber da selbst bei der Bürgschaft, deren An-

---

1 Vgl. oben S. 38 Anm. 5.

2 Diena III n. 222.

3 Diena III. n. 242, Frankenstein II S. 444.

4 Grünhut S. 579 Anm. 33; Bettelheim S. 163; Diena III n. 231; Ottolenghi n. 95ff.; Weiß IV S. 461; Surville n. 490; Lorenzen S. 174.

5 Vgl. oben S. 26 Anm. 2.

6 Sitzg.-Prot. d. 25. Sitzg. (29. 5.) Comptes Rendus S. 356, 359, 361 ff.

lehnung an die Hauptschuld doch noch stärker ist als die des Avals, die gemeine Meinung in Wissenschaft und Rechtsprechung für die kollisionsrechtliche Selbständigkeit der Bürgschaftsschuld eintritt,[1] kann dem unbedenklich auch für den Aval gefolgt werden, ohne daß auf die im einzelnen bestrittene Frage seiner Akzessorietät eingegangen zu werden braucht.

[1] Vgl. Letzgus, Rabels Z. 3, 837 ff., 841 f.

Zweiter Abschnitt.

Der Wechselumlauf.

§ 6. Das geltende Recht.

I.

Welche Bedeutung die Ausstellung und Indossierung eines Wechsels für seinen Umlauf haben, wird in der Gesetzgebung wie in der Theorie des internationalen Wechselrechts häufig übersehen, obwohl die Erklärungen ihrem Inhalt nach sogar ausschließlich diesem Zweck dienen und die Verpflichtungswirkung nur eine ohne Rücksicht auf den rechtsgeschäftlichen Willen des Erklärenden eintretende gesetzliche Folge der Wechselunterschrift bildet. Demgemäß betreffen von den oben S. 16f. erwähnten Gesetzen über die Wirkung der Wechselerklärungen im Kollisionsrecht die meisten ausschließlich die Wechselverpflichtungen. Nur die Bestimmungen im Vertrag von Montevideo und im Codigo Bustamante, die von dem Rechtsverhältnis zwischen den einzelnen Wechselbeteiligten sprechen, sind weit genug gefaßt, um auch jene Wirkungen mit zu treffen. Das Gleiche gilt vom Brüsseler Entwurf des Institut de Droit International, der in art. II „effets et validité" der Wechselakte ebenso wie die südamerikanischen Staatsverträge der jeweiligen lex loci actus unterwirft. Der Vorentwurf des Juristenkomitees dagegen hatte in art. 5 nur „les effets des obligations souscrites sur une lettre de change ou un billet à ordre" zu regeln unternommen. Zweifelhaft ist die Stellung des Genfer Entwurfs. Art. 3 spricht von der „forme des engagements", doch ergibt der englische Text, der dafür das Wort „contracts" setzt, daß nicht nur die Verpflichtungen darunter fallen. Art. 4 setzt die „effets des obligations" von Akzeptant und Aussteller eines Eigenwechsels in Gegensatz zu den „effets que produisent les signatures des autres obligés". Ob bei der zweiten Gruppe an etwas anderes gedacht war, als an die Verpflichtungswirkung, ist angesichts des Wortes „obligés" — der englische Text sagt: „the other parties liable on . . ." — unsicher. Eine Entscheidung läßt sich erst nach näherer Untersuchung der dabei auftauchenden Probleme treffen.

II.

1. Die Judikatur auf diesem Gebiete ist gleichfalls nicht umfangreich. In Deutschland ist nur eine frühe Entscheidung des Reichsgerichts vom 5. März 1889[1] vorhanden, die sich ausführlich damit befaßt. Es handelte sich um promissory notes, die der Beklagte dem Kläger ausgestellt hatte, als beide noch in Chicago wohnten. Die Wechsel wurden dort auch protestiert, danach aber vom Kläger an mehrere Firmen in Deutschland indossiert. Eine Klage der deutschen Nachindossatare gegen den inzwischen nach Deutschland verzogenen Aussteller wurde abgewiesen, worauf der Remittent die Wechsel im Rücklauf einlöste und seinerseits daraus gegen den Aussteller klagte. Das Reichsgericht gab der Klage statt. Es wollte die Frage, ob die in Amerika ausgestellten Nachindossamente volle Indossamentsoder nur Zessionswirkung hatten, nach dem dortigen Recht als der lex loci actus entschieden wissen und beurteilte aus demselben Grunde nach deutschem Recht, ob der Kläger als Rückzessionar die gegen seine Nachindossatare begründete exceptio rei iudicatae gegen sich gelten lassen müsse oder ob er in seine alte Rechtsstellung als Remittent wieder einrücke. Gleichfalls den Einredenausschluß beim Nachindossament betrifft das Reichsgerichts-Urteil vom 16. Juni 1913,[2] das schwedisches Recht anwendet, weil das Indossament „in Schweden vorgenommen und zu erfüllen" sei.

2. Die französischen Gerichte haben zu einer anderen Frage immer wieder Stellung nehmen müssen. Art. 137/8 c. comm. schrieben bis zum Gesetz vom 8. Februar 1922 für das Indossament Datierung, Angabe von Indossatar und Valutaklausel vor und erkannten der bloßen Unterschrift nur die Wirkung eines Prokura-Indossaments zu. Da sich im Lauf des 19. Jahrhunderts fast überall sonst das Blanko-Indossament durchsetzte, mußte man sich auch in Frankreich darüber klar werden, ob

[1] RG 23, 49; Bolze VII Nr. 23/4.
[2] Leipz. Z. 1913, 674.

man solche, im Ausland auf französische Wechsel gesetzte Indossamente als vollwirksam ansehen wollte. Die Rechtsprechung hat dies nahezu einhellig bejaht, also die lex loci actus angewandt.[1]

3. In Italien hat der Kassationshof Palermo im Urteil vom 7. Juli 1877[2] dieselbe Frage für einen in Italien zahlbaren, in England blanko indossierten Wechsel nach italienischem Recht entschieden mit der seltsamen Begründung, der auf das Recht des Vornahmeorts verweisende art. 9 disp. prel. sei im Sinne der Lehre Voets und der Parömie „Contraxisse unusquisque" bei Verschiedenheit von Vornahme- und Zahlungsort auf diesen letzteren zu beziehen. Strenger an den Wortlaut jener Bestimmung hält sich die Entscheidung des neapolitaner Kassationshofs vom 4. Januar 1898,[3] die das Blanko-Indossament eines in Brasilien ausgestellten und indossierten Eigenwechsels italienischem Rechte als dem gemeinsamen Heimatrecht der Indossamentsparteien unterstellt.

4. Auch in England hat die Ungültigkeit des Blanko-Indossaments nach französischem Recht Schwierigkeiten bereitet. Die Entscheidungen sind nicht leicht auf einen einheitlichen Nenner zu bringen. In Trimby v. Vignier[4] klagt der Inhaber zweier in Frankreich ausgestellten und dort durch Blanko-Indossament an ihn gelangten billets à ordre gegen den inzwischen nach England verzogenen Aussteller; er wird abgewiesen, da sich die Gültigkeit des Indossaments nach französischem Recht als der lex loci contractus richte. In Lebel

---

[1] Cass. req. 20. 5. 1885, DP 86. 1. 82, Clunet 1885, 435; Cass. 24. 11. 26, Clunet 1927, 1121; Paris 12. 4. 1850, DP 50. 2. 148; Rouen 1. 12. 1854, DP 55, 2, 121; Paris 20. 11. 1854, DP 57, 2, 106; Paris 8. 12. 81, Clunet 1885, 79; Trib. comm. de la Seine 19. 3. 1881, Clunet 1882, 80; Paris 8. 12. 1883, Clunet 1884, 285; Paris 22. 3. 1884, Clunet 1884, 183; Paris 14. 12. 1888, DP 90, 2, 60; Paris 12. 1. 1889, Clunet 1889, 291; Paris 10. 12. 1910, Clunet 1912, 536; Besançon 5. 1. 1910, Revue 1910, 428; Trib. comm. Nice 22. 5. 1912, Clunet 1913, 156; Trib. comm. Dieppe 22. 12. 1911, Revue 1914, 570; Paris 13. 4. 1913, Gaz. Pal. 1913, 2. 152, Clunet 1914, 1262; Trib. comm. de la Seine 30. 5. 1913, Gaz. Pal. 1913, 2, 380, Clunet 1914, 198, Revue 1914, 570; Trib. comm. de la Seine 16. 4. 1920, Revue 1920, 442; Trib. civ. Nantua 15. 11. 1922, Clunet 1924, 101.

[2] Mon. Trib. 1877, 903 = Clunet 1878, 51.

[3] Dir. Comm. 1898, 547; Arch. Giur. 1900 (65) 498; Clunet 1905. 1115.

[4] (1834, 4 M & Sc 695) 131 ER 1075.

v. Tucker[1] war nur das Blanko-Indossament in Frankreich vorgenommen worden, während Ausstellungs- und Zahlungsort des Wechsels in England lagen. Hier wird dem Indossatar ohne Rücksicht auf das französische Recht „interest and right to suc" gegen den Akzeptanten zugesprochen und Trimby v. Vignier dahin ausgelegt, daß es darauf ankomme, nach welchem Recht der Akzeptant zu zahlen versprochen habe; im vorliegenden Fall gehe dieses englischem Recht unterliegende Versprechen darauf, auch einem durch Blanko-Indossament legitimierten Gläubiger zu leisten. Aber schon ein Jahr später tritt die Schwäche dieser Konstruktion zutage. In Bradlaugh v. De Rin[2] wurde aus einem in Brüssel auf London gezogenen und dort akzeptierten, aber in Frankreich blanko indossierten Wechsel gegen den Akzeptanten geklagt. In der Court of Common Pleas wollte der Richter Smith, gestützt auf Lebel v. Tucker, nur darauf abstellen, daß das Akzept ein „english contract" sei und demgemäß auch dem Blanko-Indossatar Rechte gewähre. Die Mehrheit unter Führung des Richters Willes wies die Klage ab in der Erkenntnis, daß jene Auffassung, konsequent durchgeführt, zu einer bloß teilweisen oder relativen Gültigkeit des Indossaments führen müsse, da es dann nur dem Akzeptanten, nicht aber dem Aussteller gegenüber gültig sein könne, der nach belgischem, mit dem französischem übereinstimmenden Recht zu haften versprochen habe. Die Exchequer Chamber[3] gab auf die Berufung der Klage statt, jedoch unter Anwendung französischen Rechts, das dahin ausgelegt wurde, daß ein Blanko-Indossament nicht schlechthin nichtig sei, die Aktivlegitimation des Klägers also nicht beeinträchtige. — Als Sonderfall eher wie als gewollte Abweichung von dieser Lehre ist die Entscheidung In re Marseilles Extension Railway and Land Company[4] zu werten, die einen von einer englischen Gesellschaft in Frankreich an eigene Order auf London gezogenen und von ihr mit ihrem Blankogiro versehen nach London gesandten Wechsel betrifft. Hier wurde das Giro für gültig erklärt, weil es sich nach Form und Inhalt wie nach den Schicksalen des Wechsels um eine english bill handle.

---

[1] (1867) LR 3 QB 77; 17 LTR 244.
[2] (1868) LR 3 CP 538; 18 LTR 904.
[3] (1870) LR 5 CP 473; 22 LTR 623.
[4] (1885) 30 Ch D 598.

Der BEA hat sich trotz Bradlaugh v. De Rin der Auffassung in Lebel v. Tucker angeschlossen.[1] Das ist der Sinn des schwer verständlichen Nachsatzes zu sect. 72 II: „Provided that where an inland bill (d. h. ein in England ausgestellter und zahlbarer Wechsel) is indorsed in a foreign country, the indorsement shall as regards the payer (d. h. den Akzeptanten) be interpreted according to the law of the United Kingdom." Die Wirkung eines Indossaments soll also im Verhältnis zum Akzeptanten nach dessen Recht beurteilt werden. Die Gerichte haben sich seitdem mit dieser Bestimmung nicht mehr auseinandergesetzt; in den noch zu besprechenden Fällen wird sie als nicht hergehörig zur Seite geschoben.

Diese Fälle betreffen den Erwerb vom Nichtberechtigten. In Alcock v. Smith[2] war ein Wechsel, dessen Ausstellungs- und Zahlungsort in England lagen, in Norwegen durch Blanko-Indossament übertragen und beim Erwerber, dem Kläger, von einem Gläubiger gepfändet und zur Zwangsversteigerung gebracht worden. Der Vormann des Beklagten hatte ihn aus dieser Versteigerung erworben, und der Kläger verlangte nun von ihm die Herausgabe der vom Akzeptanten inzwischen hinterlegten Wechselsumme, da die Pfändung und Versteigerung unwirksam gewesen, er mithin Berechtigter geblieben sei. Die Chancery Division unter Richter Romer nimmt auf Grund norwegischen Rechts an, daß die Versteigerung, auch wenn zu Unrecht betrieben, dem Erwerber auf alle Fälle Eigentum verschafft habe. Es handle sich nicht, wie in Lebel v. Tucker und in s. 72 II BEA, um das Verhältnis zum Akzeptanten oder Aussteller, sondern nur um dasjenige zwischen mehreren Wechselgläubigern. Hierauf finde ohne Rücksicht auf den Schuldner nicht anders als bei der Fahrnisveräußerung[3] die lex loci actus Anwendung. Die Court of Appeal[4] bestätigt die Abweisung der Klage; sie hebt noch besonders hervor, daß der Wechsel durch das Blanko-Indossament zum Inhaberpapier geworden sei. — Derselbe Gedankengang findet sich in Embiricos v. Anglo Austrian Bank.[5] Hier war ein in Braila auf London ge-

---

[1] Vgl. Chalmers S. 281; Dicey S. 662, 665 Anm. e.

[2] (1891) 65 LTR 335.

[3] Für gestrandetes Kaufmannsgut war ebenso entschieden worden in Cammell v. Sewell (1860) 29 LJ 350 Ex; 2 LTR 799; für Banknoten in De la Chaumette v. Bank of England (1831, 2 B & Ad, 385) 109 ER 1186.

[4] (1892) 66 LTR 126.

[5] (1904) 2 KB 870; 91 LTR 652.

zogener Scheck vom Remittenten dem Kläger nach London zur Einlösung gesandt, aber unterwegs gestohlen und in Wien vom gutgläubigen Vormann der Beklagten mittels gefälschten Indossaments erworben worden. In Kings Bench Division wird die Eigentumsklage abgewiesen; der Richter Walton erklärt, nur das Verhältnis zwischen zwei successive holders sei im Spiel und ebenso wie bei Fahrnis, etwa der Veräußerung eines Pferdes durch den Nichtberechtigten, nach der lex rei sitae zu lösen. Die Court of Appeal[1] schließt sich dem an; der Richter Romer betont wieder, daß sec. 72 II BEA auf diesen Fall nicht passe. Wichtig ist noch die Überlegung des anderen Richters, Vaughan Williams, ob diese Lösung etwa nur inter partes oder auch gegenüber Aussteller und Akzeptant gelte. Er erkennt richtig, daß die bisherige Praxis, vor allem Lebel v. Tucker, eher auf die erste Alternative hinweisen, scheint aber selbst die zweite bevorzugen zu wollen. Doch läßt er die Frage offen.

Ein drittes Problem aus unserem Fragenkreis wird in der schottischen Entscheidung Robertson v. Burdekin[2] berührt. Der Beklagte hatte in Schottland eine nach dortigem Recht indossable promissory note ausgestellt und dem Remittenten nach England übersandt, wo sie dieser durch Indossament weitergab. Die Indossabilität des Papiers und die Frage, ob der Indossatar gutgläubig und entgeltlich Eigentum erworben hatte, so daß er vor den Einreden des Ausstellers gegen den Remittenten geschützt war, wurde nach schottischem Recht beurteilt. Die wenig klare Entscheidung legt freilich großes Gewicht darauf, daß damit nicht bloß das Recht des Schuldners, sondern auch die lex fori angewendet werde.

5. In der Rechtsprechung der Vereinigten Staaten von Amerika spielt das Blanko-Indossament keine Rolle; die Entscheidungen betreffen, wie bereits erwähnt, zum allergrößten Teil Konflikte zwischen den Rechtsordnungen der Einzelstaaten der Union, denen dieses Rechtsinstitut durchweg geläufig war. Einen umso größeren Raum nimmt die in Robertson v. Burdekin behandelte Frage der „negotiability" eines Papiers ein. Der Mangel bestimmter Formvorschriften im englisch-amerikanischen Wechselrecht und die sich daraus namentlich bei der promissory note ergebenden Schwierigkeiten der Abgrenzung gegenüber andern, nicht zum Verkehr bestimmten

---

[1] (1905) 1 KB 677; 92 LTR 305.

[2] (1843; 6 Dunlop 17) Scots R. R. Ct. of Sess. 2nd Ser. III. 593.

und daher nicht indossablen Urkunden[1] haben zu Verschiedenheiten der Rechtsprechung der Einzelstaaten geführt, die das Kollisionsrecht zu überbrücken hatte. Dieses kennt, wie schon oben (S. 37 u. 79) erwähnt, ein besonderes Statut für die formellen und materiellen Gültigkeitsvoraussetzungen nicht,[2] vielmehr wird auch die negotiability zu Inhalt und Wirkung des Wechselversprechens gerechnet. Für den häufig wiederkehrenden Fall etwa,[3] daß das Versprechen in einer note, neben der Wechselsumme auch Ersatz von attorneys fees (Prozeßkosten) zu leisten, die negotiability der Note nach dem Recht des Zahlungsorts nicht berührt, nach dem des Ausstellungs- und des Indossamentsorts dagegen ausschließt oder umgekehrt, wird nicht die Regel: locus regit actum, herangezogen, sondern gefragt, nach welchem Recht der Schuldner zu leisten versprochen habe, und danach entschieden, ob er dem Indossatar seine Einreden gegen den Indossanten entgegenhalten kann. Die negotiability richtet sich also nach dem Verpflichtungsstatut[4]; ist das Papier domiziliert, so entscheidet auch hier der Zahlungsort, nicht der Akzeptort oder Ausstellungsort der note.[5] Folgerichtig müßte auch jedem einzelnen Regreßschuldner gegenüber das Recht seiner Verpflichtung über die negotiability entscheiden, insbesondere also über die Frage, ob das Indossament überhaupt Garantieeffekt hat erzeugen können. Diese Folgerung wird aber nicht einheit-

---

[1] Vgl. hierzu Ulmer, Rabels Z. 3, 251, 255 ff.

[2] S. Lorenzen S. 87 ff., 100.

[3] Vgl. Davis v. Mc. Coll (1914 Mo.) 166 SW 1113; Martin v. Berry (1896 Ind. Terr.) 37 SW 835; Creston Nat. Bank v. Salmon (1906 Mo.) 93 SW 288; Farmers Nat. Bank of Valparaiso v. Sutton (1892) 52 Fed. 191.

[4] Warren v. Copelin (1842 Mass.) 4 Metc. 594; Midland Steel Co. v. Citizens Nat. Bank (1904 Ind.) 72 NE 290; Johnson County Savings Bank v. Kramer (1908 Ind.) 86 NE 84; Strawberry Point Bank v. Lee (1898 Mich.) 75 NW 444; Barger v. Farnham (1902 Mich.) 90 NW 281; Barry v. Stover (1906 SD) 107 NW 672; Allen v. Bratton (1872) 47 Miss. 119; Harrison v. Pike Bros. & Co. (1873) 48 Miss. 46; Creston Nat. Bank v. Salmon (1906 Mo.) 93 SW 288; Price v. Gatliff's Executors (1908 Ky.) 110 SW 332; Stevens v. Gregg (1890 Ky.) 12 SW 775; Sykes v. Citizens Nat. Bank of Desmoines (1908 Kan.) 98 Pac. 206, 19 LRA (NS) 665; Utah St. Nat. Bank v. Smith (1919 Cal.) 197 Pac. 160; Cobey v. Hofman (1916) 229 Fed. 486. — Die Entscheidungen betreffen durchweg Klagen gegen Akzeptanten u. gegen Aussteller von promissory notes.

[5] Vgl. oben S. 36 Anders Farmers Nat. Bank v. Sutton (1892) 52 Fed. 191 (Akzeptort).

lich gezogen;[1] gelegentlich wird auch hier an den Zahlungsort der Hauptschuld angeknüpft,[2] in Roads v. Webb[3] sucht das Gericht sogar bei der lex fori Zuflucht.

Auch der Transporteffekt des Indossaments wird nach dem Verpflichtungsstatut beurteilt. In Everett v. Vendryes[4] wird die formelle Gültigkeit eines Indossaments dem Recht des beklagten Wechselausstellers unterstellt und hervorgehoben, daß gegenüber dem Indossanten dessen Recht, also das des Indossamentsorts, hätte Anwendung finden müssen;[5] dabei behandelt jedoch das Gericht in Widerspruch zum Unabhängigkeitsprinzip die Ausstellerhaftung nach dem Recht des Zahlungsorts des Bezogenen.[6] Dem Recht des Schuldners unterstehen ferner die Wirkungen eines Nachindossaments[7] und die Voraussetzungen des gutgläubigen Erwerbs eines Wechsels,[8] doch war wie überall nur das Verhältnis zum Hauptschuldner in Streit. Der Gedanke der Anwendung der lex rei sitae, der in diesem Zusammenhang die englische Judikatur beschäftigt hat,[9] taucht nur ganz vereinzelt auf: in Brook v. Van Nest[10] wurde die Frage, ob der Inhaber einer promissory note durch gutgläubigen Erwerb vor der Betrugseinrede des Ausstellers geschützt sei, nicht nach dem Recht des Zahlungsorts des Ausstellers, sondern nach dem Recht des Erwerbsorts entschieden mit der Begründung: „a transfer of personal property which is valid by the law of the place where such transfer is made is sufficient to pass a valid title to it". Neuerdings hat in Fogarty v. Neal[11] das Ge-

[1] Durchgeführt in Mackintosh v. Gibbs (1911 NJ) 80 Atl. 554. (Garantieeffekt) u. in Hennenlotter v. De Orvananos (1921) 186 NYS 488 (Einredenausschluß gegenüber dem Aussteller eines Schecks).

[2] Davis v. Mc. Coll (1914 Mo.) 166 SW 1113. So auch Wharton II §§ 447 b, 462 a. Widerspruchsvoll Daniel I §§ 903 ff.

[3] (1898 Me.) 40 Atl. 128.

[4] (1859) 19 NY 436.

[5] Ebenso Wharton II § 459.

[6] Gegen diese Entscheidung wendet sich Hunt v. Standart (1860) 15 Ind. 33.

[7] Allen v. Bratton (1872) 47 Miss. 119.

[8] Daniel I § 889, § 895 Anm. 30. Houston v. Keith (1911 Miss.) 56 So. 336; Creston Nat. Bank. v. Salmon (1906 Mo.) 93 SW 288; Johnson v. Noble Machine Co. (1910 Mo.) 129 SW 271; Limerick Nat. Bank v. Howard (1901 NH) 51 Atl. 641. Zu dieser letzten Entscheidung vgl. oben S. 42.

[9] Auch Wharton II § 448 b gibt für die Frage des gutgläubigen Erwerbs dem Recht des Indossamentsorts den Vorzug.

[10] (1895 NJ) 33 Atl. 382.

[11] (1923 Ky.) 255 SW 1049.

richt die Gültigkeit eines Indossaments zwischen Ehegatten gleichfalls nicht nach dem Recht des Schuldners, sondern dem der Ehegatten beurteilt, da deren Wohnort zugleich auch Vornahmeort des Indossaments und der Ort der Übertragung des Papiers sei. Bei der Besonderheit des Falles wird diese Entscheidung die künftige Judikatur jedoch schwerlich beeinflussen.

§ 7. Theoretische Grundlegung.

I.

Die Unsicherheit der Rechtsprechung der meisten Länder gegenüber den hier behandelten Problemen und die Verschiedenheit der Lösungen, die die Gerichte dafür gefunden haben, zeigen, daß hier nicht bloß die Auswahl der Anknüpfungspunkte, sondern mehr noch die Abgrenzung und Einordnung des Tatbestands in das System des Wechselkollisionsrechts Schwierigkeiten bereitet. Auch in der Theorie besteht über den inneren Zusammenhang der einzelnen Fragen wenig Klarheit.

Die Umlaufsfähigkeit des Wechsels, seine negotiability, löst sich schon auf den ersten Blick als Sonderproblem ab.[1] Sie findet historisch und dogmatisch eine Parallele in der Übertragbarkeit einer Forderung. Diese Übertragbarkeit ist so sehr durch den Inhalt der Forderung bestimmt, gehört selbst zu ihrem Inhalt, daß sie nach dem Rechte zu beurteilen ist, das die Forderung beherrscht.[2] Für die Wechselforderungen gilt grundsätzlich nichts anderes. Das Verpflichtungsstatut entscheidet darüber, ob die Forderung durch Indossament oder Zession übertragen,[3] ob insbesondere die Übertragbarkeit durch die Rektaklausel ausgeschlossen werden kann.

Die amerikanische Rechtsprechung bleibt, wie sich gezeigt hat, bei diesem Satze stehen; sie untersucht gegenüber jedem Wechselschuldner besonders, ob er nach seinem Recht ein negotiable instrument gezeichnet hat. Sie kommt damit zu praktisch unerfreulichen Ergebnissen; die Regreßkette kann unterbrochen werden durch Indossamente, die ohne Garantiewirkung geblie-

---

[1] Vgl. zum folgenden besonders Lorenzen S. 129 ff.

[2] Frankenstein II S. 260 und die dort Anm. 85 Zitierten; dazu Lewald S. 270.

[3] So allgemein für Orderpapiere v. Bar Intern. Handelsrecht S. 369 f.

ben sind, weil das Papier Angaben enthielt, die nach dem Recht des Indossanten seine negotiability zerstörten. Die Auffassung ist auch theoretisch anfechtbar. Denn ihre Übertragbarkeit mit den besonderen Wirkungen der Indossabilität empfängt die Wechselforderung eben durch ihre Zugehörigkeit zum Wechsel. Die Indossabilität gehört also zu dem durch den Inhalt des Grundwechsels bestimmten „relativen Inhalt" der Wechselforderungen. Ist der Grundwechsel „Wechsel", erfüllt er die Voraussetzungen der Skripturmäßigkeit oder negotiability, so sind auch die aus ihm erwachsenden Forderungen negotiabel, die auf ihn gesetzten Indossamente mit Garantiewirkung ausgestattet, einerlei, ob das Papier nach dem Recht des Indossanten als „Wechsel" anzusprechen ist.

Die Wechseleigenschaft des Grundwechsels kann nicht bloß unter einer Lücke des „notwendigen Inhalts" leiden, sondern auch unter der Beifügung von Zusätzen, die trotz der Erfüllung aller Gültigkeitsvoraussetzungen die Skripturmäßigkeit aufheben. In diese zweite Gruppe gehören die meisten der in Amerika entschiedenen Fälle, wo solche Zusätze, wie das Versprechen von attorneys fees, dem Wechselinhalt die für die negotiability notwendige Bestimmtheit nehmen. Hierher gehört aber auch der deutsche Rektawechsel, das Papier also, das der Aussteller mit der negativen Orderklausel versehen hat (Art. 9 Abs. 2 dtsch. W. O.). Denn durch diese Klausel wird nicht nur, wie im gleichen Falle nach italienischem Recht (art. 257 cod. comm.),[1] und wie bei der Rektaklausel der Indossanten auch nach deutschem Recht (Art. 15 WO.), die Haftung aus der einzelnen Wechselerklärung beschränkt, sondern dem Wechsel selbst seine Skripturmäßigkeit, die wechselmäßige Umlaufsfähigkeit genommen. Ob das Papier für die Dogmatik des materiellen deutschen Rechts dadurch aufhört, Wechsel und Wertpapier zu sein oder nicht, ist gleichgültig; im Sinne eines ausländischen oder internationalen, wie des deutschen Kollisionsrechts, das seine Begriffe im Wege der Vergleichung mit den fremden Rechten bilden[2] und daher die Skripturmäßigkeit als wesentliche Voraussetzung in den Wechselbegriff aufnehmen muß, ist es jedenfalls nicht mehr „Wechsel". Die etwa in Italien

[1] Wo, wie in Frankreich, die Orderklausel zum notwendigen Wechselinhalt gehört, bedeutet ihr Fehlen oder ihre Negierung die Ungültigkeit des Grundwechsels. Dort liegt der Fall also noch einfacher.

[2] Vgl. Rabel, Rabels Z. 3, 755 ff.

auf ein solches Papier gesetzten Indossamente bleiben also grundsätzlich gleichfalls ohne wechselrechtliche Wirkung.[1]

Entscheidend für diesen Inhalt des Grundwechsels ist, da in jedem Falle die Gültigkeit des Papiers als Wechsel davon abhängt, das Formstatut der Ausstellung, das nach dem oben Seite 62 Gesagten die materiellen wie die formellen Gültigkeitsvoraussetzungen des Grundwechsels beherrscht, in aller Regel also das Recht des Ausstellungsorts. Auch darüber, ob der Wechsel nachträglich durch den Vermerk eines anderen Wechselbeteiligten seine Umlaufsfähigkeit verlieren, „außer Kurs gesetzt" werden kann, entscheidet nicht das Recht dessen, der diesen Vermerk auf den Wechsel gesetzt hat, oder das Formstatut dieses Vermerks, sondern das Formstatut des Grundwechsels, dessen Inhalt dadurch verändert würde.

Einige Gesetze, namentlich die deutsche WO. (Art. 85 Abs. 1 S. 2), der englische BEA (sec. 72 Ziff. 1 b) und der Genfer Entwurf (art. 3 Abs. 2) verleihen einer im Inland abgegebenen Wechselerklärung auch dann wechselmäßige Wirkung, wenn sie auf einem Grundwechsel steht, der nach dem Recht seines Ausstellungsorts nichtig ist, nach Inlandsrecht aber gültig sein würde. Diese Ausnahme von den hier vertretenen Grundsätzen kehrt insoweit zur amerikanischen Auffassung zurück, als diese einem Bedürfnis der Verkehrssicherheit zu entsprechen scheint: sie rettet den Garantieeffekt des inländischen Indossaments. Das läßt sich mit denselben Gründen rechtfertigen, die für die kollisionsrechtliche Unabhängigkeit der Wechselverpflichtungen angeführt wurden: der Anspruch eines Wechselgläubigers gegen seinen inländischen Vormann soll nach Möglichkeit unabhängig gemacht werden von den Tücken eines unbekannten ausländischen Ausstellerrechts. Aber die Vorschrift reicht auch nicht weiter; sie kann die Forderungen gegen ausländische Zeichner des nicht umlaufsfähigen Papiers nicht zur Entstehung bringen oder, wenn sie bestehen, diese Forderungen nicht indossabel machen, dem Indossatar also gegenüber diesen Schuldnern bestenfalls die Stellung eines Zessionars verleihen.[2]

---

[1] Ebenso v. Bar, Theorie u. Praxis II S. 166 Anm. 43; Ottolenghi n. 84; Valéry n. 923 (aber anders n. 924). Dagegen will Diena III n. 222 (S. 95 ff.) das Recht des jeweiligen Indossamentsorts, Frankenstein II S. 441 (im Gegensatz zu S. 428) wie die amerikanische Rechtsprechung das Recht jedes einzelnen Wechselschuldners entscheiden lassen.

[2] Für diese Lösung des Problems der negotiability de lege ferenda

II.

1. Ist die Umlaufsfähigkeit des Wechsels und der aus ihm entspringenden Forderungen festgestellt, so bleibt noch zu untersuchen, welchem Recht das einzelne Indossament untersteht. Als Ausgangspunkt diene wiederum der Vergleich mit der Forderungsabtretung. Bei dieser hängt nach herrschender Auffassung[1] die Wirksamkeit des Übertragungsakts davon ab, ob den Voraussetzungen des für die abzutretende Forderung geltenden Rechts genügt ist. Nur das der Abtretung zugrunde liegende obligatorische Rechtsgeschäft zwischen altem und neuem Gläubiger soll seinem eigenen Statut unterstehen, möglicherweise auch die Form der Abtretung, deren Abgrenzung von den materiellen Voraussetzungen einige Schwierigkeiten bereitet.[2] Ob diese Lehre stets zu befriedigenden Ergebnissen führt, kann hier dahingestellt bleiben. Auf das Wechselrecht übertragen bedeutet sie, daß die Übertragungswirkung eines Indossaments auch dann, wenn der Wechsel ein ganzes Bündel von Forderungen enthält, für jeden Wechselschuldner gesondert nach seinem Verpflichtungsstatut zu beurteilen ist. Dabei kann es also vorkommen, daß nur einige der Forderungen auf den Erwerber des Wechsels übergehen, die übrigen dagegen beim Veräußerer verbleiben, der sie jedoch gleichfalls nicht verwerten kann, da er nicht mehr legitimierter Besitzer des Titels ist.

Gerade in der Verknüpfung des Rechts mit dem Papier liegt indessen eine Besonderheit der Wechselforderung, die auch im Kollisionsrecht Beachtung fordert. Zum Vergleich kann auf das Inhaberpapier verwiesen werden, bei dem diese Frage viel erörtert worden ist.[3] Und zwar schien hier ursprünglich im Gegensatz zum Zessionsrecht festzustehen, daß nicht das Statut der zu übertragenden Forderung, sondern das sachenrechtliche Statut des Papiers, die lex rei sitae also, den Übertragungsakt beherrscht. Erst die französische Gesetzgebung und Rechtsprechung zur Frage der Behandlung abhanden gekommener In-

---

auch Lorenzen S. 132. Mit Einschränkungen befürwortet die Vorschrift Frankenstein II S. 430, dagegen scharf Diena III n. 218 (S. 77 ff.). Im übrigen ist auf die Behandlung der Wechselform im Kollisionsrecht hier nicht einzugehen.

[1] Vgl. Frankenstein II S. 252 ff.; Lewald S. 270 ff. Dort Judikatur und weitere Literatur.

[2] Frankenstein II S. 259 f.; Lewald S. 64, 273.

[3] Vgl. im einzelnen die Darstellung bei Frankenstein II S. 110 ff. Dort weitere Nachweise.

haberpapiere hat die Diskussion darüber wachgerufen; die jüngste Bearbeitung der Frage durch Frankenstein geht schon wieder so weit, das Statut der Forderung als allein maßgebend zu bezeichnen. Auch dieser Streit berührt uns hier nicht im einzelnen. Wichtig ist nur die Feststellung, daß sein Brennpunkt gerade bei der Frage liegt, ob und unter welchen Voraussetzungen sich die Verbindung von Forderung und Papier wieder lösen, Gläubigerschaft und Papiereigentum auseinanderfallen können. Es mag richtig sein, daß in dieser Frage dem Recht der Forderung die Entscheidung zufallen muß. Zu weit geht es aber, dieses Recht für die Übertragung von Inhaberpapieren schlechthin für maßgebend zu erklären. Ob und wie lange eine Forderung so mit dem Papier verknüpft ist, daß das Recht aus dem Papier dem Recht am Papier folgt, hat das Statut der Forderung zu entscheiden. Solange jedoch die „Verkörperung“ der Forderung im Papier unangefochten besteht, während des regulären Umlaufs also, muß nach wie vor die Verfügung über die Forderung, insbesondere ihre Übertragung, auch kollisionsrechtlich den Regeln des Sachenrechts unterstellt werden.[1]

Auf den Inhaberwechsel des englischen und amerikanischen Rechts — dessen Zulässigkeit sich nach den unter I ermittelten Normen richtet — lassen sich diese Grundsätze unmittelbar anwenden. Abgesehen davon untersteht die Übertragung eines Wechsels nicht rein sachenrechtlichen Regeln, sondern bedarf im Normalfall daneben des Indossaments, des Vermerks auf der Skriptur. Das wird auch im Kollisionsrecht zu beachten sein. Immerhin ist der Wechsel Wertpapier, das Indossament nicht Zession aller einzelnen Wechselforderungen, sondern ein Rechtsgeschäft eigener Art, das uno actu die Ansprüche in der Person des Erwerbers neu zur Entstehung bringt. Dies legt die Frage nahe, ob nicht auch die Übertragung des Wechsels einem eigenen vom Recht der einzelnen Forderungen verschiedenen Statut zu unterstellen ist.

---

[1] Diese Auffassung deckt sich wohl im Ergebnis — und sogar in der Formulierung (vgl. S. 112 b) — mit derjenigen Frankensteins, Sie lehnt es nur ab, die Verbindung von Recht und Papier als „Fiktion“ zu bezeichnen, sondern sieht darin eine Unterwerfung der Forderung unter sachenrechtliche Grundsätze, die auch kollisionsrechtlich zu beachten ist. Das kommt bei Frankenstein, dessen Front gegen die Übertreibung der sachenrechtlichen Seite gerichtet ist, nicht mehr klar zum Ausdruck.

In der Theorie wird die Alternative: Statut der einzelnen Forderungen oder Übertragungsstatut, meist nicht deutlich gestellt. Sie wird aber in den romanischen Ländern wenigstens indirekt fast durchweg im zweiten Sinne entschieden, indem der Transporteffekt des Indossaments dem Recht des Indossamentsortes unterstellt wird.[1]

Die deutsche Theorie neigt eher dazu, das Statut der einzelnen Forderungen anzuwenden.[2] Der Amerikaner Lorenzen möchte beide Lösungen verbinden: die Übertragungswirkung soll sowohl dann eintreten, wenn das Indossament dem Recht des Schuldners entspricht, wie dann, wenn es nach dem Recht des Vornahmeortes wirksam ist.[3]

2. Ob die Frage überhaupt einheitlich entschieden werden kann, muß eine genauere Betrachtung der in der Praxis auftretenden Probleme lehren.

a) Beim gewöhnlichen Vollindossament ergeben sich in aller Regel keine Konflikte, wenn die Indossabilität als solche einmal feststeht, da die Wirkung eines derartigen Indossaments sich in allen Rechten gleicht. Schwierigkeiten bereitet jedoch die Beibehaltung der consideration-Lehre im anglo-amerikanischen Wechselrecht: Darnach findet der Einredenausschluß nicht zugunsten jedes Indossatars, sondern nur für den „bona fide holder for value" statt,[4] wobei keine völlige Einigkeit darüber besteht, welcher Erwerb als entgeltlich anzusehen ist.[5] Aber auch in den übrigen Rechten können sich Verschiedenheiten daraus ergeben, daß teils schon die bloße Kenntnis oder gar die fahrlässige Nichtkenntnis der gegen den Vormann gerichteten Einreden, teils erst die Kollusion mit dem Vormann zum Schaden des Schuldners genügt, um diesem die Einreden auch gegen den Erwerber des Papiers zu erhalten. In den oben S. 98 Anm. 8 berichteten amerikanischen Entscheidungen ist die Frage, ob der Erwerber ein „holder in due course" ist, nach

---

[1] Weiß IV S. 461; Lyon-Caen IV n. 647; Diena III n. 218, 222, 225 (S. 75 f., 91 f., 103 f.); Ottolenghi n. 85 ff. Ebenso Grünhut II S. 579 ff.

[2] v. Bar, Theorie u. Praxis II S. 167, vor allem auch Frankenstein II 443 (vgl. aber über seine Behandlung des Blankoindossaments unten S. 107, Anm. 2). Ebenso Valéry n. 924.

[3] Lorenzen S. 135 ff., 140 ff.

[4] BEA sec. 27 ff., 38; Unif. Neg. Instr. Act. sec. 52 ff.

[5] Vgl. über die auch nach Einführung des Neg. Instr. Act. fortbestehenden Differenzen in der amerikanischen Rechtsprechung Lorenzen S. 140 f. zu Anm. 280.

dem Recht des von ihm belangten Schuldners entschieden; nur vereinzelt wird das Recht des Übertragungsorts herangezogen. Es ist auch zuzugeben, daß hier am schwersten das Interesse des Schuldners wiegt, seine Einreden nicht zu verlieren. Auf der anderen Seite ist nicht leicht einzusehen, weshalb ein englischer Indossatar, der nach englischem Recht keine genügende consideration geleistet hat, also nicht holder in due course ist, gegen deutsche Wechselschuldner mehr Rechte haben soll als gegen englische. Überdies ist der Schuldner dem fremden Recht auf keinen Fall schutzlos ausgeliefert, da ihm bei Zwang oder Betrug stets der heimische ordre public zur Seite steht. Es bestehen also jedenfalls keine durchgreifenden Bedenken gegen die Anwendung eines einheitlichen Übertragungsstatuts.[1]

b) Etwas anders liegt der Fall des Erwerbs vom Nichtberechtigten. Auch hier können die einzelnen Rechte die Anforderungen an die Gutgläubigkeit des Erwerbers verschieden hoch bemessen. Vor allem ist daran zu erinnern, daß das angloamerikanische Recht einen solchen Erwerb ausschließt, wenn er durch gefälschtes Indossament stattfindet,[2] was praktisch fast immer der Fall sein wird. Aber überall ist nicht in erster Linie der Schuldner, sondern der bisherige Gläubiger an der Regelung interessiert. Die Anwendung der verschiedenen Schuldnerrechte würde zu dem bereits oben S. 102 erwähnten unglücklichen Resultat einer Teilung der Gläubigerschaft führen. Endlich hat hier, wo sich das sachenrechtliche Element im Wechsel gegenüber dem schuldrechtlichen am weitesten vordrängt, der Vergleich mit dem Inhaberpapier die größte Berechtigung. Es ist daher verständlich, daß die englische Rechtsprechung[3] für diese Frage ein besonderes Übertragungsstatut anerkannt hat. Allerdings betrifft nur Embiricos v. Anglo Austrian Bank ein gefälschtes Indossament, während Alcock v. Smith von einem — im englischen Recht dem Inhaberwechsel gleichgestellten[4] — blanko indossierten Wechsel handelt. Auch wurde in beiden Fällen mit der dem englischen Rechtsdenken eigentümlichen Neigung zur Relativierung der Rechtsverhältnisse ausdrücklich nur über das

---

[1] Ebenso Lorenzen S. 140 ff., der dieses Statut wenigstens kumulativ mit dem Schuldnerrecht zuläßt (oben S. 104 zu Anm. 3).

[2] BEA sec. 24; Unif. Neg. Instr. Act. sec. 23. Vgl. zu der Frage Lorenzen S. 137 ff.

[3] Oben S. 95 f.

[4] BEA sec. 8 Ziff. 3.

Verhältnis zwischem altem und neuem Gläubiger, nicht über das des Erwerbers zu den Wechselschuldnern entschieden. Aber es bleibt dringend zu wünschen, daß sich die künftige Judikatur ohne Rücksicht auf sec. 72 Ziff. 2 Abs. 2 BEA dem Diktum des Richters Vaughan Williams in Embiricos v. Anglo Austrian Bank anschließt und das Übertragungsstatut auch gegenüber den Wechselschuldnern anwendet. Damit wäre zugleich die Wirkung der für die Verkehrssicherheit höchst bedenklichen Stellung des englischen und amerikanischen Rechts zum gefälschten Indossament außerhalb dieser Länder nach Möglichkeit eingeschränkt.

c) Das Blanko-Indossament hat, wie sich gezeigt hat, in der französischen und der englischen Rechtsprechung eine große Rolle gespielt; von praktischer Bedeutung ist die Streitfrage heute nach der Änderung der französischen Gesetzgebung kaum mehr. Aber sie ist schon um deswillen lehrreich, weil die französischen und englischen Gerichte in dem gemeinsamen Bestreben, der unbequemen Beschränkung des französischen Rechts zu entgehen, zu entgegengesetzten Resultaten gekommen sind. Die englische Meinung geht, wenigstens nach der im BEA sec. 72 Ziff. 2 Abs. 2 anerkannten Doktrin in Lebel v. Tucker, dahin, das Recht des Schuldners entscheiden zu lassen, wenn man auch in Bradlaugh v. De Rin erkannt hat, daß man damit zu einer nur relativen Gültigkeit des Indossaments gelangt; die französische und die neuere italienische Rechtsprechung erkennt ein besonderes Übertragungsstatut an.

Da, wo das Blankoindossament schlechthin nichtig ist, wie das die ältere englische Rechtsprechung auch vom französischen Recht angenommen hatte, spricht zu Gunsten eines einheitlichen Übertragungsstatuts, wie beim Erwerb von Nichtberechtigten, die Vermeidung der relativen Wirksamkeit, vor allem auch das überwiegende Interesse von Veräusserer und Erwerber an der Gültigkeit des zwischen ihnen geschlossenen Geschäfts. Wenn das französische Recht vor 1922 das Blankoindossament als Prokuraindossament gelten ließ, praktisch also dem Erwerber nicht die Aktivlegitimation, sondern nur den Einredenausschluß versagte, so hat es das Interesse des Schuldners in den Vordergrund geschoben. Aber auch hier spricht, ähnlich wie beim Vollindossament, kein zwingender praktischer Grund für die Anwendung des Schuldnerrechts — die englischen Gerichte handelten rein opportunistisch,[1] weil ihnen die französische Bestimmung unverständlich war, wie am deutlichsten der Fall In re Marseilles Extension Railway Co. beweist —, während die ungleichmäßige Stellung der Schuldner unbefriedigend bleibt.[2]

d) Das Nachindossament nimmt eine Sonderstellung ein. Der Gesetzeskonflikt entsteht hier nicht durch einen Mangel des Übertragungsgeschäfts, sondern dadurch, daß die Umlaufsfähigkeit des Wechsels verloren geht. Dieser Verlust tritt nach den meisten Rechten mit dem Verfall des Wechsels ein; von da an hat das Indossament nicht mehr Transport- und Garantie-, sondern nur noch Zessionswirkung. Nach deutschem Recht kommt es auf den Zeitpunkt des Protestes an, so daß der verfallene, aber nicht protestierte Wechsel voll indossabel bleibt.[3] Das französische Recht kennt überhaupt kein „Nachindossament"; auch Verfall und Protest rauben dem Wechsel hier seine Umlaufsfähigkeit nicht.[4]

Die Indossabilität war oben unter I als eine zum „relativen Inhalt" der Wechselverpflichtungen gehörige Eigenschaft des Grundwechsels erkannt worden. Ob auch ihr Verlust durch Zeitablauf dazu zu rechnen, die Wirkung des Nachindossaments also dem Statut des Grundwechsels zu unterstellen ist, kann zweifelhaft sein und wird jedenfalls nicht durch den Umstand beeinflußt, daß der Zeitablauf selbst, die Fälligkeit also, zum Inhalt des Grundwechsels gehört.[5] Da die Gültigkeit des Wechsels als solchen nicht in Frage steht, die Vorindossamente ihre volle Kraft behalten, wirkt die Anknüpfung an den Ausstellungsort

[1] Vgl. auch die Kritik dieser Rechtsprechung bei Lorenzen S. 136.

[2] Auch Frankenstein II 442 billigt die französische Rechtsprechung. Das ist von seinem Standpunkt aus, da er ein Übertragungsstatut ablehnt, schwer verständlich. Seine Begründung, nur das Recht des Indossanten könne „bestimmen, wie weit er seinem Nachmann gegenüber sich seiner Rechte entäußert hat", bedeutet nichts anderes als die Anerkennung eines solchen Übertragungsstatuts; der Nachsatz: „ihm gegenüber also wechselmäßig gebunden ist" führt irre, da es sich in keiner der Entscheidungen um die Haftung des Blankoindossanten, sondern stets nur um die von Akzeptanten oder Aussteller oder sonstigen, an dem Blankoindossament nicht beteiligten Vormännern handelt.

[3] Art. 16 WO. Daß im zweiten Fall (Art. 16 Abs. 1) die Rechte gegen Aussteller und Vorindossanten nicht mit übergehen, erklärt sich daraus, daß ihre Haftung mangels Protest erloschen ist, hat also mit dem Nachindossament nichts zu tun.

[4] Lyon-Caen IV n. 135.

[5] Vgl. oben S. 63 ff.

gekünstelt; es befriedigt praktisch nicht, daß bei einem in Frankreich ausgestellten, in England zahlbaren und nach Verfall indossierten Wechsel das Indossament in Widerspruch zum englischen Recht Transport- und Garantiewirkung haben soll. Vollends willkürlich wäre es, den andern Pol des Grundwechsels, den Zahlungsort, als einheitlichen Anknüpfungspunkt zu wählen. So erscheint es angemessener, zum Ausgangspunkt zurückzukehren und für jede Wechselforderung gesondert zu prüfen, ob und wann sie ihre Indossabilität verliert. In dem eben genannten Beispiel haftet also der Aussteller, sofern die Regreßvoraussetzungen gewahrt sind, dem Nachindossatar wechselmäßig, dagegen der Akzeptant und englische Vorindossanten nur nach Zessionsrecht.[1]

Die bisher unter a—c gefundenen Ergebnisse stehen damit nicht in Widerspruch. Auch beim Nachindossament ist eine Blankogirierung oder ein Erwerb vom Nichtberechtigten möglich: Diese Fragen sind, da der Wechsel immerhin Wertpapier bleibt, nach wie vor dem Übertragungsstatut zu unterstellen.[2]

Auch die Frage, ob das auf den gültigen Wechsel gesetzte Nachindossament Garantiewirkung hat, richtet sich nicht nach dem Recht des Grundwechsels, sondern nach demjenigen des Nachindossanten.[3]

3. Das Ergebnis dieses Überblicks ist: Der Gedanke eines besonderen Übertragungsstatuts ist dogmatisch aus der Wertpapiernatur des Wechsels zu erklären; er verdient praktisch

---

[1] Da das deutsche Recht auf die Protesterhebung abstellt, kann die Anwendung des Schuldnerrechts Schwierigkeiten machen, wenn entsprechend der hier vertretenen — vom Genfer Entwurf nicht befolgten — Auffassung (oben S. 76 ff.) in Anwendung des Rechts des Zahlungsorts kein Protest erhoben worden ist. Nach dem Sinn des Art. 16 wird man in diesem Fall darauf abstellen müssen, ob die Regreßvoraussetzungen gewahrt sind, der Wechsel also nicht präjudiziert ist. Vgl. über die ähnliche Schwierigkeit im innerdeutschen Recht beim Protesterlaß Staub-Stranz Art. 16 Anm. 14.

[2] Die deutsche Entscheidung RG 5. 3. 89 (oben S. 92 Anm. 1), die schlechthin auf das Recht des Indossamentsorts abstellt, ist also mit dem hier vertretenen Standpunkt nicht vereinbar, wohl aber die amerikanische Entscheidung Allen v. Bratton (oben S. 98 Anm. 7).

[3] Aus diesem Grunde billigt offenbar Frankenstein II 444 Anm. 109 die deutsche Entscheidung RG 27. 5. 1913, oben S. 92 Anm. 2. Da indessen nicht die Haftung des Indossanten zur Beurteilung stand, ist mir diese Billigung ebenso wenig verständlich, wie die Entscheidung selbst, die davon spricht, daß das Indossament in Schweden zu erfüllen sei.

den Vorzug vor der Aufteilung der Übertragungswirkung unter die Rechte der einzelnen Forderungen. Nur so bleibt die für den störungslosen Wechselumlauf notwendige Vereinigung des Eigentums am Papier und der Rechte aus dem Papier in einer Hand gewahrt, ohne daß das Unabhängigkeitsprinzip dadurch wesentlich beeinträchtigt würde, das ja selbst nicht in erster Linie die Interessen der Wechselschuldner, sondern diejenigen der Gläubiger zu schützen bestimmt ist.

Als solches Übertragungsstatut war bereits oben für Inhaberwechsel die lex rei sitae genannt worden. Sie muß, wie jetzt hinzugesetzt werden kann, auch für die Übertragung des blanko indossierten Wechsels zwischen den nicht auf dem Wechsel in Erscheinung tretenden Gläubigern gelten.[1] Überall da, wo die Übertragung durch Indossament erfolgt, wird man dagegen besser aus den bereits bei der Haftung des Indossanten erörterten Gründen[2] statt an den Ort der Papierübergabe an den der Indossierung anknüpfen, zumal in den romanischen Rechten auch die Übereignung durch bloßen Konsens erfolgt und die Übergabe des Papiers nur der Legitimierung des Erwerbers dient. Auf diese Weise vereinfacht sich zugleich die schon bei der gewöhnlichen Forderungsabtretung auftauchende,[3] beim Indossament wie überall im Wechselrecht in erhöhtem Maße wiederkehrende Schwierigkeit, materielle und formelle Gültigkeitsvoraussetzungen des Übertragungsakts zu trennen.[4]

Hinzugesetzt sei, daß das Veräußerungsgeschäft hier wie überall im Kollisionsrecht von dem ihm zugrunde liegenden obligatorischen Schuldverhältnis zwischen den Indossamentsparteien zu trennen ist, das seinem eigenen Statut folgt. Das gilt auch für die romanischen und anglo-amerikanischen Rechte, die die Abstraktion des Verfügungs- vom Verpflichtungsgeschäft nicht in dem Maße ausgebildet haben wie das deutsche. Wird also für ein englischem Recht unterstehendes Rechtsverhältnis in Deutschland ein Wechsel begeben, so hängt die Gültigkeit des Indossaments nicht davon ab, ob der Veräußerer eine hinreichende consideration empfangen hat, während im umgekehrten Fall nur die Frage englischem Recht untersteht, was als

---

[1] So richtig die englische Entscheidung Alcock v. Smith, oben S. 95 zu Anm. 2.

[2] Vgl. oben S. 88 f.

[3] Vgl. oben S. 102 zu Anm. 2.

[4] Das gilt besonders vom Blankoindossament, das freilich von der französischen Judikatur nie als Formproblem behandelt worden ist.

consideration zur Gültigkeit des Indossaments erfordert wird, nicht dagegen, ob das Grundgeschäft eine solche Gegenleistung enthält.[1]

III.

Die deutsche Wertpapierlehre pflegt als Wirkung des Indossaments neben Transport- und Garantie- auch den Legitimationseffekt zu nennen. Genau betrachtet handelt es sich um zwei verschiedene Dinge: die Legitimation gegenüber dem Erwerber, die diesem das Vollrecht verschafft, auch wenn es dem bisherigen Inhaber nicht zustand, und die Legitimation gegenüber den Wechselschuldnern, die sich durch Zahlung an den legitimierten Inhaber befreien können, auch wenn er nicht Gläubiger war. In beiden Fällen bedarf es in der Regel einer bis auf den letzten Inhaber herabreichenden, formell ordnungsmäßigen Kette von Indossamenten.

Aus der Zweiteilung ergibt sich auch die kollisionsrechtliche Behandlung. Gegenüber dem Erwerber richtet sich die Legitimation nach demjenigen Recht, das die Gültigkeit des Erwerbsakts selbst, insbesondere den Erwerb vom Nichtberechtigten beherrscht, also entsprechend dem unter II Gesagten nach dem Recht des Indossamentsorts oder beim Inhaber eines blanko indossierten oder eines Inhaberwechsels nach der lex rei sitae. Soweit dieses Recht seinerseits die formelle oder materielle Gültigkeit früherer Indossamente zur Legitimation erfordert, ist diese nach dem betreffenden Form- und Übertragungsstatut zu beurteilen. Für die Legitimation gegenüber dem Wechselschuldner dagegen entscheidet dessen Recht. Hat also etwa der Bezogene an den Inhaber eines Wechselduplikats oder an den durch ein gefälschtes Indossament legitimierten unrechtmäßigen Besitzer des Wechsels gezahlt, so entscheidet sein Recht, d. h. nach der hier vertretenen Auffassung das Recht des Zahlungsorts darüber, ob er befreit ist oder an den wahren Wechselgläubiger nochmals zahlen muß.[2] Auch hier ist jedoch die Gültigkeit früherer Indossamente, wenn nach dem Recht des Schuld-

[1] Vgl. zu diesem Problem die Untersuchungen von Frankenstein II S. 15 ff., 253; Lewald S. 179 f., 272.

[2] So haben die amerikanischen Gerichte wiederholt entschieden: Caras v. Thalman (1910) 123 NYS 97; Casper v. Kuhne (1913) 144 NYS 502; Brown v. Worthington (1912 Mo.) 142 SW 1082; Belestin v. First Nat. Bank (1914 Mo.) 164 SW 160; Kessler v. Armstrong Cork Co. (1907) 158 Fed. 744.

ners die Legitimationskette davon abhängt, nach dem Form- oder Übertragungsstatut dieser Indossamente zu prüfen.

IV.

Für das Recht des Genfer Entwurfs ist gleichfalls zwischen der Umlaufsfähigkeit des Wechsels und der Wirkung des Indossaments zu scheiden. Jene untersteht dem Statut des Grundwechsels, und zwar dem Formstatut der Ausstellung, also grundsätzlich dem Recht des Ausstellungsorts (art. 3); die Ausnahme für die Garantiewirkung von Indossamenten auf nicht umlaufsfähigen Wechseln wurde bereits erwähnt[1] Die Übertragungswirkung wird man mit Rücksicht auf die Billigung, die dieser Standpunkt von jeher in der romanischen Theorie und Rechtsprechung erfahren hat, unbedenklich zu den „effets que produisent les signatures des autres obligés" rechnen dürfen, die Art 4 dem Recht des Indossamentsorts unterstellt; daß die Verwendung des Wortes „obligés" die Tragweite der Bestimmung nicht zwingend auf die Verpflichtungswirkung beschränkt, ist schon oben S. 91 f. gesagt worden. Beim Nachindossament ist auch hier die Übertragungswirkung von der Indossabilität der einzelnen Forderungen zu trennen. Endlich lassen sich auch die für die Legitimationswirkung gefundenen Rechtssätze, die ja nur eine Anwendung bereits bekannter Elemente darstellen, auf das Recht des Genfer Entwurfs übertragen.

Rückschauend muß anerkannt werden, daß durch die Anknüpfung der Übertragungswirkung an den Indossamentsort auch die Verwendung dieses Statuts für den Inhalt der Regreß-Verpflichtungen, deren Wert oben S. 88 f. noch als zweifelhaft hingestellt worden war, eine neue Rechtfertigung erfährt. Die Kollisionsnormen des Genfer Entwurfs erreichen durch diese allseitige Verwendung derselben Anknüpfung eine erfreuliche Klarheit und Einfachheit in der Handhabung und damit gewiß auch eine größere Einheitlichkeit der Rechtsprechung. Diesem Ziel kann der Wunsch, in jeder Einzelfrage zu einer allseitig befriedigenden Lösung zu kommen, getrost geopfert werden.

---

[1] Oben S. 101.

A n h a n g.

Texte und Quellenregister

der wichtigsten Gesetze und Gesetzesentwürfe zum internationalen Wechselrecht.

I. Bills of Exchange Act, 1882 (45 & 46 Vict. c. 61).

Sec. 72. Rules where laws conflict.

Where a bill drawn in one country is negotiated, accepted, or payable in another, the rights, duties, and liabilities of the parties thereto are determined as follows:

(1) The validity of a bill as regards requisites in form is determined by the law of the place of issue, and the validity as regards requisites in form of the supervening contracts, such as acceptance, or indorsement, or acceptance supra protest, is determined by the law of the place where such contract was made.

Provided that:

(a) Where a bill is issued out of the United Kingdom it is not invalid by reason only that it is not stamped in accordance with the law of the place of issue;

(b) Where a bill, issued out of the United Kingdom, conforms, as regards requisites in form, to the law of the United Kingdom, it may, for the purpose of enforcing payment thereof, be treated as valid as between all persons who negotiate, hold, or become parties to it in the United Kingdom.

(2) Subject to the provisions of this Act, the interpretation of the drawing, indorsement, acceptance, or acceptance supra protest of a bill, is determined by the law of the place where such contract is made.

Provided that where an inland bill is indorsed in a foreign

country the indorsement shall as regards the payer be interpreted according to the law of the United Kingdom.

(3) The duties of the holder with respect to presentment for acceptance or payment and the necessity for or sufficiency of a protest or notice of dishonour, or otherwise, are determined by the law of the place where the act is done or the bill is dishonoured.

(4) Where a bill is drawn out of but payable in the United Kingdom and the sum payable is not expressed in the currency of the United Kingdom, the amount shall, in the absence of some express stipulation, be calculated according to the rate of exchange for sight drafts at the place of payment on the day the bill is payable.

(5) Where a bill is drawn in one country and is payable in another, the due date thereof is determined according to the law of the place where it is payable.

Vgl. zu s.sec. 1 oben S. 101,
zu s.sec. 2,1 oben S. 32, 85,
zu s.sec. 2,2 oben S. 95 f., 106,
zu s.sec. 3 oben S. 33, 72 f., 79,
zu s.sec. 5 oben S. 33, 64.

II. Der Vertrag von Montevideo v. 12. II. 1889.

(Rec. Martens 2 XVIII, 424; deutsch bei Makarov S. 390 ff.)

Título IX.

De las Letras de cambio.

Artículo 26.

La forma del giro, del endoso, de la aceptación y del protexto de una letra de cambio, se sujetará á la ley del lugar en que respectivamente se realicen dicho actos.

Artículo 27.

Las relaciones jurídicas que resultan del giro de una letra entre el girador y el beneficario, se regirán por la ley del lugar en que la letra ha sido girada, las que resultan entra el girador y aquel á cuyo cargo se ha hecho el giro, lo seán por la ley del domicilio de este último.

Artículo 28.

Las obligaciones del aceptante con respecto al portador y las excepciones que puedan favorecerle, se regularán por la ley del lugar en que se ha efectuado la aceptación.

Artículo 29.

Los efectos jurídicos que el endoso produce entre el endosante y el cessionario, dependerán de la ley del lugar en que la letra ha sido negociada ó endosada.

Artículo 30.

La mayor ó menor extensión de las obligaciones de los respectivos endosantes no altera los derechos que primitivamente han adquirido el girador y el aceptante.

Artículo 31.

El aval se rige por la ley aplicable á la obligación garantida.

Artículo 32.

Los efectos jurídicos de la aceptación por intervención, se regirán por la ley del lugar en que el tercero interviene.

Artículo 33.

Las disposiciones de este Título rigen para los vales, billetes ó pagarés de comercio, en cuanto les sean aplicables.

Artículo 34.

Las cuestiones que surjan entre las personas que han intervenido en la negociación de una letra de cambio, se ventilarán ánte los jueces del domicilio de los demandados en la fecha en que se obligáron, ó del que engan en el momento de la demanda.

Vgl. dazu oben S. 16 f., 89, 91.

III. Gesetzbuch des Internationalen Privatrechts (Código Bustamante).

(Revista de derecho internacional XIII, 22 f.; deutsch bei Makarov, S. 398 ff.)

Capítulo VI.

Del contrato y letra de cambio y efectos mercantiles análogos.

Artículo 263.

La forma del giro, endoso, fianza, intervención, aceptación y protesto de una letra de cambio, se somete a la ley del lugar en que cada uno de dichos actos se realice.

Artículo 264.

A falta de convenio expreso o tácito, las relaciones jurídicas entre el librador y el tomador se rigen por la ley del lugar en que la letra si gira.

Artículo 265.

En igual caso, las obligaciones y derechos entre el aceptante y el portador se regulan por la ley del lugar en que se ha efectuado la aceptación.

Artículo 266.

En la misma hipótesis, los efectos jurídicos que el endoso produce entre endosante y endosatario, dependen de la ley del lugar en que la letra ha sido endosada.

Artículo 267.

La mayor o menor extensión de las obligaciones de cada endosante, no altera los derechos y deberes originarios del librador y el tomador.

Artículo 268.

El aval, an las propias condiciones, se rige por la ley del lugar en que se presta.

Artículo 269.

Los efectos jurídicos de la aceptación por intervención se regulan, a falta de pacto, por la ley del lugar en que el tercero interviene.

Artículo 270.

Los plazos y formalidades para la aceptación, el pago y el protesto, se someten a la ley local.

Vgl. dazu oben S. 16 f., 43, 89, 91.

IV. Beschlüsse des Institut de Droit International.

a) Tagung in Brüssel 1885 (Annuaire, éd. abr. II, 248).

Projet de règlement international des conflits de lois en matière de lettres de change et de billets à ordre.

I. — La forme de la lettre de change et du billet à ordre est déterminée par la loi du lieu de son émission.

La forme des endossements, de l'acceptation et de l'aval est fixée par la loi de chacun des pays où ces actes sont faits.

II. — Les effets et la validité de la lettre de change et du billet à ordre, des endossements, de l'acceptation, de l'aval, se jugent d'après les lois de chacun des pays où ces différents actes sont faits, sans préjudice des règles relatives à la capacité des signataires des titres. Toutefois les effets des actes postérieurs à la création du titre ne peuvent jamais être plus étendus que ceux qui dérivent de l'émission du titre lui-même.

III. — Le délai accordé pour la présentation des lettres de change et des billets à ordre à vue ou à un certain délai de vue, se détermine d'après la loi du pays dans lequel le titre a été créé.

IV. — Les obligations du porteur au point de vue de la présentation pour l'acceptation et pour le payement sont fixées par la loi du pays où a été émis la lettre de change ou le billet à ordre.

V. — La loi du lieu où le payement doit se faire détermine le mode de constatation du défaut d'acceptation ou de payement et les formes du protêt, ainsi que les délais fixés pour le dresser.

Les avis à donner aux garants pour la conservation des droits de recours dans les cas de défaut d'acceptation ou de payement, et les délais pour les notifier, sont régis par la loi du pays d'où ces avis doivent être envoyés.

VI. — L'excuse tirée des cas fortuits ou de force majeure n'est admise que si elle est reconnue par la loi du lieu d'émission du titre.

VII. — Les délais pour l'exercise du droit de recours contre les endosseurs ou les autres garants et contre le tireur, ou pour l'action directe contre l'accepteur, sont fixés par la loi du pays où a été fait l'acte d'où résulte l'action exercée.

Toutefois, à l'égard des endosseurs et des autres garants, ces délais ne peuvent jamais dépasser celui qui est établi pour l'exercise de l'action en recours contre le tireur.

VIII. — Le juge du lieu fixé pour le payement de la lettre de change est compétent pour connaître de l'action collective du porteur contre tous les signataires.

Les juges des lieux où a été émis le titre, où ont été faits les endossements, où ont été donnés l'acceptation ou l'aval, ne sont compétents que pour connaître des actions exercées individuellement contre chacun des obligés.

IX. — La faculté pour le porteur de pratiquer des saisies et les formes de ces voies d'exécution sont réglées par la loi du pays dans lequel il y est procédé.

X. — Dans le cas où plusieurs signataires du titre feraient faillite, le porteur pourrait participer aux distributions dans toutes les masses et y figurer pour le montant nominal de son titre, y compris les intérêts et frais, jusqu'à parfait payement.

Vgl. zu Art. II, 1 oben S. 11, 91,
zu Art. II, 2 oben S. 65 f.,
zu Art. III oben S. 75,
zu Art. IV oben S. 73,
zu Art. V oben S. 78², 80¹,
zu Art. VII oben S. 66.

b) Tagung in Florenz 1908 (Annuaire éd. abr. V, 612).

Détermination de la loi qui doit régir à titre de droit supplétif.

Article premier. — Les effets de l'obligation contractuelle sont régis par la loi à laquelle les parties ont manifesté l'intention de se soumettre, dans la mesure où la validité de l'obligation et les effets ne se heurtent pas contre les lois qui régissent obligatoirement la convention, notamment quant à la capacité des parties, quant à la forme, quant à la validité intrinsèque du contrat, ou quant à l'ordre public.

Art. 2. — Si les parties n'ont pas manifesté la volonté effective d'accepter telle ou telle loi comme loi supplétive, c'est-à-dire comme loi destinée à supléer aux lacunes de leurs conventions, dans la mesure où elles peuvent déterminer librement les effets de celles-ci, la détermination de la loi à appliquer comme droit supplétif sera déduite de la nature du contrat, de la condition relative des parties ou de la situation de la chose.

C'est ainsi qu'on appliquera:

i) En matière de lettre de change ou de billet à ordre, la loi du lieu de chaque engagement ou, si ce lieu n'est pas mentionné dans le titre, celle du domicile de l'obligé.

Vgl. dazu oben S. 11, 55, 83, 88.

V. Vorentwurf des Genfer Juristenkomitees.

(Völkerbund-Drucks. C 234 M 83. 1929 II.)

Projet d'articles de convention:

Art. 3. — Capacité. — La capacité d'une personne pour s'engager par lettre de change est déterminée par sa loi nationale. Si cette loi nationale déclare compétente la loi d'un autre Etat, cette dernière loi est appliquée.

La personne qui serait incapable, d'après la loi indiquée

par l'alinéa précédent, est, néanmoins, valablement tenue, si elle s'est obligée sur le territoire d'un Etat d'après la législation duquel elle aurait été capable.

Chaque Etat contractant a la faculté de ne pas reconnaître la validité de l'engagement pris en matière de lettres de change par l'un de ses ressortissants et qui ne serait tenu pour valable dans le territoire des autres Etats contractants que par application de l'alinéa précédent du présent article.

Art. 4. — Forme des engagements. — La forme des engagements pris en matière de lettres de change et de billets à ordre est réglée par la loi de l'Etat sur le territoire duquel ces engagements ont été souscrits.

Cependant, si les engagements souscrits sur une lettre de change ne sont pas valables d' après les dispositions de l'alinéa précédent, mais qu'ils soient conformes à la législation de l'Etat où un engagement ultérieur a été souscrit, la circonstance que les premiers engagements sont irréguliers en la forme n'infirme pas la validité de l'engagement ultérieur.

Art. 5. — Contenu et effets des obligations souscrites. — Les effets des obligations souscrites sur une lettre de change ou un billet à ordre sont réglés, sans préjudice des articles suivants, par la législation du lieu du domicile du signataire, à moins qu'un autre lieu n'ait été indiqué dans le titre pour l'exécution de l'engagement du signataire.

Les effets de l'obligation de l'avaliseur et de l'accepteur par intervention sont régis par la législation applicable à l'obligation de la personne pour laquelle l'aval ou l'intervention par acceptation ont été fournis.

Art. 6. — Transmission de la provision. — La loi du pays où la lettre de change est payable détermine si le bénéficiaire et les porteurs successifs ont des droits spéciaux sur la provision et quelle est la nature de ceux-ci.

Art. 7. — Paiement et acceptation partiels. — La loi du pays où la lettre de change est payable règle la question de savoir si l'acceptation peut être restreinte à une partie de la somme ou si le porteur est tenu ou non de recevoir un paiement partiel.

La même règle s'applique quant au paiement en matière de billets à ordre.

Art. 8. — Forme et délais du protêt et autres actes. — La forme et les délais du protêt, ainsi que la forme des autres actes nécessaires à l'exercise ou à la conservation des droits en matière de lettres de change et de billets à ordre, sont réglés par les lois de l'Etat sur le territoire duquel doit être dressé le protêt ou passé l'acte en question.

Art. 9. — Perte ou vol de la lettre de change ou de billet à ordre. Faillite du porteur. — La loi du pays où la lettre de change ou le billet à ordre sont payables détermine les mesures à prendre en cas de perte ou de vol de la lettre de change ou du billet à ordre ou en cas de faillite du porteur.

Vgl. zu Art. 5, 1 oben S. 11, 55[1], 56 f., 58, 83, 84, 91,
zu Art. 5, 2 oben S. 89,
zu Art. 7 oben S. 81.

VI. Der Genfer Entwurf.

(Convention destinée à régler certains conflits de lois en matière de lettres de change etc.: Völk.-Bds.-Drucks. C 347 M 143 1930 II.)

Article premier.

Les Hautes Parties contractantes s'engagent, les unes vis-à-vis des autres, à appliquer pour la solution des conflits de lois ci-dessous énumérés, en matière de lettre de change et de billets à ordre, les règles indiquées dans les articles suivants.

Article 2.

La capacité d'une personne pour s'engager par lettre de change et billet à ordre est déterminée par sa loi nationale. Si cette loi nationale déclare compétente la loi d'un autre pays, cette dernière loi est appliquée.

La personne qui serait incapable, d'après la loi indiquée par l'alinéa précédent, est, néanmoins valablement tenue, si la signature a été donnée sur le territoire d'un pays d'après la législation duquel la personne aurait été capable.

Chacune des Hautes Parties contractantes a la faculté de ne pas reconnaître la validité de l'engagement pris en matière de lettre de change et de billet à ordre par l'un de ses ressortissants et qui ne serait tenu pour valable dans le territoire des autres Hautes Parties contractantes que par application de l'alinéa précédent du présent article.

Article 3.

La forme des engagements pris en matière de lettre de change et de billet à ordre est réglée par la loi du pays sur le territoire duquel ces engagements ont été souscrits.

Cependant, si les engagements souscrits sur une lettre de change ou un billet à ordre ne sont pas valables d'après les dispositions de l'alinéa précédent, mais qu'ils soient conformes à la législation de l'Etat où un engagement ultérieur a été souscrit, la circonstance que les premiers engagements sont irréguliers en la forme n'infirme pas la validité de l'engagement ultérieur.

Chacune des Hautes Parties contractantes a la faculté de prescrire que les engagements pris en matière de lettre de change et de billet à ordre à l'étranger par un de ses ressortissants seront valables à l'égard d'un autre de ses ressortissants sur son territoire, pourvu qu'ils aient été pris dans la forme prévue par la loi nationale.

Article 4.

Les effets des obligations de l'accepteur d'une lettre de change et du souscripteur d'un billet à ordre sont déterminés par la loi du lieu où ces titres sont payables.

Les effets que produisent les signatures des autres obligés par lettre de change ou billet à ordre sont déterminés par la loi du pays sur le territoire duquel les signatures ont été données.

Article 5.

Les délais de l'exercice de l'action en recours restent déterminés pour tous les signataires par la loi du lieu de la création du titre.

Article 6.

La loi du lieu de la création du titre détermine si le porteur d'une lettre de change acquiert la créance qui a donné lieu à l'émission du titre.

Article 7.

La loi du pays où la lettre de change est payable règle la question de savoir si l'acceptation peut être restreinte à une partie de la somme ou si le porteur est tenu ou non de recevoir un paiement partiel.

La même règle s'applique quant au paiement en matière de billet à ordre.

Article 8.

La forme et les délais du protêt, ainsi que la forme des autres actes nécessaires à l'exercice ou à la conservation des droits en matière de lettre de change et de billet à ordre, sont réglés par les lois du pays sur le territoire duquel doit être dressé le protêt ou passé l'acte en question.

Article 9.

La loi du pays où la lettre de change ou le billet à ordre sont payables détermine les mesures à prendre en cas de perte ou de vol de la lettre de change ou du billet à ordre.

Article 10.

Chacune des Hautes Parties contractantes se réserve la faculté de ne pas appliquer les principes de droit international privé consacrée par la présente Convention en tant qu'il s'agit:

1° D'un engagement pris hors du territoire d'une des Hautes Parties contractantes;

2° D'une loi qui serait applicable d'après ces principes et qui ne serait pas celle d'une des Hautes Parties contractantes.

Vgl. zu Art. 1 oben S. 10[5],
zu Art. 3 oben S. 56, 62, 91, 101, 111,
zu Art. 4 oben S. 12, 55 ff., 59, 88, 89, 91, 111,
zu Art. 5 oben S. 12, 67 ff.,
zu Art. 7 oben S. 81,
zu Art. 8 oben S. 72[2], 80,
zu Art. 10 oben S. 10[5].

Sachregister.

(Die Ziffern bedeuten Seitenzahlen; die hochgestellten Ziffern Anmerkungen. Die wichtigsten Stichworte sind untergeteilt in G = Gesetzgebung, Rspr. = Rechtsprechung und D = dogmatische Erörterung.)

Druck von Ferdinand Berger, Horn

FSC
www.fsc.org
MIX
Papier | Fördert
gute Waldnutzung
FSC® C083411

Kolibri 360 GmbH
Ferdinand-Jühlke-Straße 7
99095 Erfurt, Deutschland
produktsicherheit@kolibri360.de